LE DÉBARQUEMENT SUR OMAHA BEACH

6 juin 1944

MICHEL CLÉMENÇON

LE DÉBARQUEMENT SUR OMAHA BEACH

6 juin 1944

Préface de Eddy Florentin

Charles
ÉDITIONS
CORLET

SOMMAIRE

CONTENTS
INHALT

PRÉFACE

Mon ami Michel Clemencon est le quatrième auteur de la Bataille de Normandie (1) à me faire l'honneur de solliciter une préface. Dans la mesure où ce type de demande traduit confiance et amitié, m'en voici à la fois apaisé (ne sommes-nous pas, nous autres auteurs, asservis à faire constamment preuve d'humilité devant les difficultés à raconter une Histoire dont nous nous demandons parfois comment de prétentieux et arrogants « historiens » peuvent se permettre de la... réviser) et réconforté (l'investissement de nous-mêmes que nous mettons dans nos recherches ne nous permet pas toujours de cultiver les temps propres à l'amitié).

J'aime que paraissent des ouvrages sur la Bataille de Normandie. Et je crois non seulement avoir encouragé bien des auteurs à le faire, mais aussi avoir soutenu tous les manuscrits valables qui m'ont été suggérés ou présentés. Je dois en effet à travers cette préface, un aveu aux auteurs que j'ai fait préfacer ou fait éditer : mon appui va moins à la valeur de leurs ouvrages qu'à leur raison d'être, antidotes bienvenus à d'autres ouvrages dont je préfère taire la motivation ou les effets pervers. Nos livres, en revanche, contrairement aux reproches de « nécrophagie » ou de militarisme qui nous sont adressés par des esprits ingrats et oublieux, constituent, je crois, autant de rappels, en un temps où les doctrines que nous avons combattues tendent à resurgir sous divers avatars parés des plumes de nationalismes étriqués, de l'obscurantisme qui a failli détruire des siècles de civilisation.

Michel Clemencon vit depuis plus de onze ans à Omaha Beach, Colleville-sur-Mer, tout près du cimetière militaire où reposent 9 386 soldats américains qui ont donné leur vie pour que nous, nous restions en vie. Mieux que quiconque, lui qui vit à quelques pas de ce poignant lieu du souvenir, il sait, il sent, ce que fut le sacrifice de nos amis américains. Et chacun de ces albums, tel son « Omaha Beach » est comme une gerbe déposée à la mémoire de ceux que nous maintenons, à travers nos ouvrages, toujours présents dans nos cœurs.

« Si les Ricains n'étaient pas venus... »

Mais ils sont venus, les Américains, 1 222 659 rien qu'en Normandie. Où ils ont laissé en tués et blessés du 6 juin à fin août, 123 847 des leurs. Auxquels il faut ajouter 8 536 aviateurs, tués et disparus (2).

---

(1) Note de l'auteur : Après le docteur Gilles Buisson, Raymond Ruffin, et Joël Tanter, Eddy Florentin, faut-il le rappeler, est l'auteur de sept ouvrages sur la Bataille de Normandie et de quelques centaines d'études sur la période du 6 juin 1944 au 12 septembre 1944 : « La Retraite de Normandie », « Stalingrad en Normandie », « Opération Paddle », « Le Havre 44 à Feu et à Sang », « La Nuit des Canons de Merville », « Bérets Rouges en Normandie », « Montgomery Franchit la Seine », « Guide des plages du Débarquement » (ce dernier co-produit avec P. Boussel).

(2) Note d'Eddy Florentin : Nous n'oublions pas non plus, les 829 640 Britanniques, Canadiens, et Polonais à avoir débarqué en Normandie. Et à y avoir laissé 83 825 tués, blessés auxquels il faut ajouter 8 178 aviateurs perdus depuis le 6 juin. Et nous ne parlons pas de la vaillante résistance de la Grande-Bretagne, seule à tenir, en attendant le renfort américain.

Pour répondre à l'afflux d'une production, dite historique, et valorisant, sous prétexte de virilisme et de magnification des vertus militaires, une armée hitlérienne qui, quel que soit l'angle sous lequel on la traite (fût-ce au prétexte de... l'objectivité historique) a été l'armée d'Oradour, d'Ascq, de l'Abbaye d'Ardenne, de Lidice de Boves, d'Auschwitz, une armée qui a occupé notre sol ; ligoté notre nation, fusillé 30 000 Français, déporté 200 000 Français, instillé dans certains esprits malléables les idées tirées du « Mein Kampf » au point de les faire perdurer quarante-cinq ans après, il est bon, il est sain, il est prophylactique que des albums comme ceux que nous présente Michel Clemencon viennent rappeler que la Deuxième Guerre mondiale ne fut pas une aventure aseptique sur papier glacé, mais le combat, chargé d'horreurs, de bestialités, de larmes, de deuils, entre les forces mises au service de la régression des acquis de l'humanité et des armées qui, pour notre grand bonheur, ont choisi de faire surgir, des flots qui les séparaient de l'Europe asservie, le glaive de la liberté.

Eddy Florentin

FOREWORD

My friend Michel Clemençon is the fourth writer on the Battle of Normandy (1) to honor me in asking for a foreword. In as much as this type of request reflects trust and friendship, I am both put at ease (Are not we, the authors, subjugated to prove constantly our humility in relating a story about which we are questioning ourselves ; how some pretentious and arrogant « historians » allow themselves to... revise it !!!) and comforted (the investment of our time and effort that our research implies, does not always allow us the proper time for friendship). I like books on the Battle of Normandy to be published and I believe that not only have I encouraged many writers to do so, but I have also recommended all the manuscripts of value presented to me. In fact, in this foreword, I must confess that for the books I have prefaced or edited, my recommendation is due less to the value of their books than to their author's purpose, a welcome antidote to others books about which I don't prefer not to mention the motivation nor the evil effects. On the other hand, our books, contrary to the criticism levelled on us as « necrophagy » or « militarism », sent to us by ungrateful or forgetful-minded persons, constitute, I believe, as many gestures of gratitude toward our liberators. As many reminders, in a period where the doctrines we have fought tend to re-appear under various forms decorated with the feathers of narrow-minded nationalism, and obscurantism which almost destroyed centuries of civilization.

Michel Clemençon has lived for twelve years at Colleville-sur-Mer, « Omaha Beach », near the American Military Cemetery ; there rest 9386 American soldiers who gave their lives in order that we stay alive and be free. Better than anybody else, he knows, he feels what the sacrifice of our American friends was. And each one of these books, such as his « Omaha Beach », is like a wreath laid to the memory of those we keep, through our books, always present in our hearts.

« If the G.I.S. had not come... »

But they came, the Americans : 1,222,659 to Normandy only, where they left, killed or wounded, from June 6 to the end of August 1944, 123,847 to their men. To those must be added 8,536 aircraft crew members, killed or missing in action (2).

---

(1) After Dr Gilles Buisson, Raymond Ruffin, and Joël Tanter. Eddy Florentin is the author of seven books on the Battle of Normandy and several hundreds of studies on the period of June 6 to September 12, 1944 : « La Retraite de Normandie », « Stalingrad en Normandie », « Operation Paddle », « Le Havre 44 à Feu et à Sang », « La nuit des Canons de Merville », « Bérets Rouges en Normandie », « Montgomery Franchit la Seine », « Guide des Plages du Débarquement » (Note by the author).

(2) Also, not to be forgotten are 828,640 British, Canadian and Polish men who landed in Nor-

To reply to the super-production, called historical, under the pretext of virilism and magnification of military valour, an Hitlerian army, which, whatever may be the angle we consider it (would it be under the pretext of... historical objectivity) was the army of Oradour, Ascq, Ardennes Abbey, Lidice, Bove, Auschwitz, an army which occupied our country, tied up our nation, shot 30,000 French people, deported 200,000 others, instilled in soft and weak minds the ideas extracted from « Mein Kampf » to the point of making these ideas endure forty five years later : it is good, it is sound that books presented by Michel Clemençon remind us that World War II was not an aseptic adventure on glossy paper, but the fighting, with all its horrors, bestialities, tears, mourning, between forces at the service of the regression of humanity acquired knowledge, and of armies for our greatest happiness, chose to raise, from the ocean which separated them from the enslaved Europe, the sword of liberty.

Eddy Florentin

---

mandy. There, they left 83,825 killed or wounded to whom must be added 8,178 aircraft crew members lost after June 6. The courageous resistance of Great Britain, alone in the battle, until the arrival of the American reinforcement, must be remembered.

GELEITWORT

Mein Freund Michel Clemençon ist der vierte Schriftsteller, der über die Invasion (1) der Normandie schreibt und mir die Ehre erweist, mich um ein Geleitwort zu bitten. Weil sie Vertrauen und Freundschaft ausdrückt, beglückt sie mich (müssen wir anderen Autoren nicht beständig Demut gegenüber den Schwierigkeiten, die Geschichte zu beschreiben, zeigen ?). Die Zeit, die wir für unsere Forschungen brauchen, erlaubt uns nicht immer, Freundschaften zu pflegen, deshalb erfreut mich die Bitte um so mehr.

Ich bin froh, daß Bücher über die Invasion der Normandie geschrieben werden. Ich glaube, daß ich nicht nur viele Autoren dazu ermutigt habe, darüber zu schreiben, sondern auch alle Manuskripte, die mir vorgelegt oder vorgestellt wurden, unterstüzt habe. Denen Autoren gegenüber, für die ich ein Geleitwort verfaßt habe, oder die ich herausgeben ließ, muß ich tatsächlich durch dieses Geleitwort etwas gestehen : ich unterstützte ihre Bücher weniger ihres Wertes als ihre Daseinsberechtigung wegen. Sie sind willkommene Antidote gegenüber anderen Büchern, über deren Entstehung oder Wirkung ich lieber nicht sprechen möchte. Unsere Bücher hingegen, die von undankbaren und vergeßlichen Zeitgenossen des Militarismus beschuldigt werden, scheinen mir trotz der Vorwürfe eine Aufforderung an unsere Zeit. An eine Zeit, in der die Doktrinen, die wir einst bekämpft haben, versuchen, unter verschiedenen Masken des engstirnigen Nationalismus, den Obskurantismus, der beinahe Jahrhunderte der Zivilisation zerstört hat, wiederzubeleben.

Michel Clemençon lebt seit über elf Jahren auf Omaha Beach, in Colleville-sur-Mer, nahe bei einem amerikanischen Friedhof ; auf dem 9386 amerikanische Soldaten liegen, die ihr Leben gaben, damit wir leben können. Da er ganz nahe bei einem so erdrückenden Ort lebt, kennt und empfindet er besser als irgendjemand das Opfer unserer amerikanischen Freunde. Jedes seiner Gedenkbücher, wie z.B. « Omaha Beach », ist wie ein Kranz, der zum Andenken an diejenigen, denen wir unser Leben verdanken, gelegt wird. Durch unsere Bücher werden sie immer in unserem Herzen sein.

« Wenn die Yankees nicht gekommen wären... » Aber sie sind gekommen : allein in die Normandie kamen 222 659 Amerikaner. Vom 6. Juni bis Ende August sind 123 847 von ihnen dort verwundet worden oder gefallen. Außer-

---

(1) Anmerkung des Autors : Nach Dr. Gilles Buisson, Raymond Ruffin und Joël Tanter, muß daran erinnert werden, daß Eddy Florentin sieben Werke über die Invasion der Normandie geschrieben hat und einige Hunderte Studien über den Zeitraum vom 6.Juni 1944 bis 12. September 1944 verfaßt hat : « La Retraite de Normandie » (Der Rückzug aus der Normandie), « Stalingrad en Normandie » (Stalingrad in der Normandie), « Opération Paddle » (Operation Paddle), « Le Havre 44 à feu et à sang » (Le Havre 44 unter Feuer und Schwert), « La nuit des Canons de Merville » (Die Nacht der Kanonen von Merville), « Bérets Rouges en Normandie » (Die Roten Mützen in der Normandie), « Montgomery Franchit la Seine » (Montgomery überquert die Seine), « Guide des Plages du Débarquement » (Reiseführung zu den Landungsstränden) ; P. Boussel war bei diesem letzten Werk Co-Autor.

dem muß man auch an die 8 536 Piloten denken, die getötet und vermißt wurden (2).

Unter dem Vorwand einer Verehrung der Tapferkeit und des Heldenmuts, gibt es eine Überfülle an sogenannter « historischer » Literatur, die die Wehrmacht Hitlers aufwertet. Selbst von der Seite der... historischen Objektivität, war die Wehrmacht die Armee von Oradour, Ascc, der « Abbaye d'Ardenne », Lidice, Boves und Ausschwitz. Sie hat unser Land besetzt, unser Volk gefesselt, 30 000 Franzosen erschossen, 200 000 Franzosen verschleppt. Die Ideen aus « Mein Kampf » haben sich in manche beeinflußbaren Köpfe eingenistet, so daß sie noch fünfundvierzig Jahre später fortdauern. Deshalb ist es gut, heilsam und « prophylaktisch », daß der Zweite Weltkrieg nicht als steriles Abenteuer auf Glanzpapier beschrieben wird. Dieser Kampf war mit Grauen, Brutalität, Tränen und Trauer beladen. Es war ein Kampf zwischen Kräften, die den Rückgang der Menschheit hervorriefen und den Armeen, die zu unserem größten Glück das Schwert der Freiheit aus den Fluten des versklavlten Europa gezogen haben.

Eddy Florentin

---

(2) Anmerkung von Eddy Florentin : Wir gedenken auch der 829 640 Briten, Kanadier und Polen, die in der Normandie and Land gekommen sind und von denen 83 825 Verwundete und Tote hierblieben und 8 178 Piloten seit dem 6.Juni vermißt sind. Natürlich gedenken wir auch des tapferen Widerstandes Großbritanniens, der standgehalten hat, bis die amerikanische Verstärkung ihnen zu Hilfe kam.

OFFICE OF THE ASSISTANT SECRETARY OF DEFENSE

WASHINGTON, D.C. 20301-1400

PUBLIC AFFAIRS

1 9 JUL 1988

Mr. Michel M. Clemencon
"Omaha Beach"
Colleville Sur-Mer
14710 Trevieres
France

Dear Mr. Clemencon:

Your letter of June 10, 1988, addressed to the National Air Survey Center, was forwarded to this office for reply.

There is no objection to your proposed use of pictures credited to the U.S. Military Services.

If we can be of other assistance, please let us know.

Sincerely,

BETTIE SPRIGG
Deputy Chief
Broadcast/Pictorial Branch
Directorate for Defense
    Information

NATIONAL ARCHIVES AND RECORDS ADMINISTRATION

Publication of Photographs Furnished by the National Archives

Generally photographic records copied and sold by the National Archives may be published without special permission or additional fees. The National Archives does not grant exclusive publication priviledges. Copies of the Federal records, as part of the public domain, are equally available to all. A small percentage of photographs in our holdings are subject to copyright restriction. The National Archives does not confirm the copyright status of photographs but will provide any information filed with the photograph.

Proper credit lines are encouraged in the interest of good documentation. They also help inform the public about government photographic resources that are available. Because so many of our reproduction orders and requests for information cite credits and captions that appear in published works, the inclusion of a photo number is of great assistance to both us and the public.

Examples of preferred credit lines are as follows:
        National Archives photo no. 111-B-4246 (Brady Collection)
        National Archives photo no. 80-G-32500
        Credit National Archives (photo no. 306-NT-186000)

The National Archives will appreciate receiving copies of books and articles that contain photographs furnished by the National Archives. Such copies can be sent to the Still Picture Branch, or to the Library, National Archives and Records Administration, Washington, DC 20408.

CHAPITRE I

DÉFENSES ALLEMANDES

GERMAN DEFENSES

DEUTSCHE ABWEHR

Photo US Air Force

6 JUIN 1944

Sur une plage de France, la marée descendante découvre de longues rangées d'obstacles mis en place par les Allemands. A marée haute, l'eau recouvre ces obstacles constituant une menace pour le fond des bateaux.

Ebbing tide on a French beach reveals a long stretch of skeleton obstructions erected by the Germans. At high tide, the water veils these structures, making them a menace to bottons of the ships.

Die Ebbe an einem französischen Strand enthüllt lange Reihen von Hindernissen, die die Deutschen errichtet haben. Bei Flut werden diese Gerüste vom Wasser bedeckt, wodurch sie zu einer Gefahr für die Schiffsrümpfe werden.

OPÉRATIONS DE DÉBARQUEMENT EN FRANCE

Une masse d'obstacles sous-marins empilés sur une plage après avoir été enlevés par le génie participant aux premiers assauts des plages d'Europe. Ceux-ci et d'autres types ont du être pris en considération et dégagés alors que l'armée américaine débarquait pour sa croisade de libération.

A mass of crossed underwater obstacles piled on a beach, after they have been removed from the surf by combat engineers, making the initial assaults on Europe. Those and other types of obstacles had to be met and dealt with as the invading American army swept on their crusade of liberation.

Unterwasserhindernisse, die von Pionieren beim ersten Ansturm auf Europa entfernt und dann auf einem Strand aufgehäuft wurden. Auf diese und andere Arten von Hindernissen stieß die amerikanische Armee bei ihrer Landung zu ihrem Befreiungsfeldzug.

Tetrahèdres métalliques disposés en ligne sur les plages, destinés à percer le fond plat des péniches arrivant à marée haute.

Metallic tetrahedras, aligned on the beaches, to pierce the landing crafts flat bottom when coming in at high tide.

Metalltetraheder, die reihenweise auf dem Strand aufgestellt sind, um den Boden der Landungsboote zu durchbohren, wenn sie bei Flut ankommen.

Le maréchal Rommel inspecta deux fois les côtes normandes, le 29 janvier 1944 et entre le 7 et 9 mai 1944. Il avait protesté, trouvant que l'installation des obstacles sur les plages n'était pas assez rapide.

Field Marshal Rommel inspected twice the coasts of Normandy : on January 29, 1944 and between 7 and 9 May, 1944. He let be well known that he was not satisfied at all since the installation of the defenses on the beaches was not proceeding fast enough.

Feldmarschall Rommel inspizierte zweimal die normannischen Küsten — am 29. Januar 1944 und zwischen dem 7. und 9. Mai 1944. Er hatte zu verstehen gegeben, daß er mit der Errichtung der Hindernisse an den Stränden überhaupt nicht zufrieden sei, da sie nicht schnell genug erfolgte.

La construction de la casemate n'est pas terminée, mais elle est armée d'un canon court, russe, de 76 mm. Partie est de la sortie de plage E-1, Le Ruquet, Omaha Beach.

The construction of the pillbox is not completed, but there is a Russian 76 mm howitzer. East side of beach Exit E-1, Le Ruquet, Omaha Beach.

Der Bunker ist noch nicht fertiggestellt, aber schon mit einem kurzen russischen 76 mm Geschütz ausgerüstet. Ostteil des Strandausgangs E-1, Le Ruquet, Omaha Beach.

23

Char miniature allemand « Goliath ». Chargé de 90 kg d'explosifs, cet engin était commandé à distance par des câbles électriques de même que le système de mise à feu. Il était destiné à faire sauter les chars ou véhicules adverses.

German mini tank « Goliath ». Loaded with 190 pounds of explosive, this tank was remote controled by electrical cables also needed to trigger the explosion. It was intended to blow up ennemi tanks or vehicles.

Deutscher Miniatur-Panzer « Goliath ». Er war mit 90 Kilo Sprengstoff beladen und durch elektrische Leitungen ferngesteuert, wie auch das Zündungssystem. Er sollte feindliche Panzer oder Wagen sprengen.

Pendant l'Occupation en France, un hôtel de Bayeux est réquisitionné et transformé en foyer pour les soldats Allemands.

During occupation in France, a hotel in Bayeux is requisitionned and transformed into an E.M. Club for German soldiers.

Während der Besetzung in Frankreich. Ein Hotel in Bayeux wurde beschlagnahmt und in ein Soldatenheim umgewandelt.

PROCLAMATION

CITOYENS FRANÇAIS:

Le jour de la délivrance se lève.   Vos frères d'armes sont maintenant sur le sol français.

Je suis fier d'avoir sous mon commandement les vaillants soldats de France, qui se sont préparés si longtemps dans l'attente de ce jour où ils participent à la libération de la Patrie.   Nous arrivons tous unis pour mettre fin sur le champ de bataille à la guerre que vous avez menée si héroïquement à travers les années de farouche résistance.   Nous détruirons la tyrannie nazie dans ses racines et ses rameaux, afin que les peuples d'Europe renaissent dans la liberté.

En ma qualité de Commandant Suprême des Forces Expéditionnaires Alliées, j'ai le devoir et la responsabilité de prendre toutes mesures essentielles à la conduite de la guerre.   Je vous demande d'obéir aux ordres que je serai appelé à promulguer.

Sauf instructions contraires, il faut que chacun continue à remplir sa tâche.   Ceux qui ont fait cause commune avec l'ennemi, trahissant ainsi leur pays, seront révoqués.

C'est au Peuple Français qu'il appartiendra d'établir sa propre administration civile et d'assurer la sécurité des troupes par le maintien de la loi et de l'ordre public.   Les membres de la Mission

Z.F.3

26

Militaire Française affectés à mon Quartier Général aideront à réaliser ce but.

Le courage et l'immense sacrifice des millions qui ont combattu sous l'étendard de la Résistance ont déjà contribué et contribueront encore au succès de nos armes. La présence de l'ennemi parmi vous a imposé la tragique nécessité des bombardements aériens et des opérations militaires et navales qui vous ont causé tant de pertes et de souffrance. Vous avez accepté ces sacrifices avec courage et dans la tradition héroïque de la France, comme étant la rançon inévitable que nous devons tous consentir pour atteindre notre but : la liberté.

Nous aurons à employer toutes nos ressources pour chasser l'ennemi de votre sol. Les combats vous infligeront peut-être de nouvelles privations. Vous comprendrez que les munitions pour la bataille doivent venir d'abord, mais tous les efforts seront faits pour vous apporter les secours dont vous avez si grand besoin.

Je compte sur votre aide pour l'écrasement définitif de l'Allemagne hitlérienne pour la restauration des libertés françaises traditionnelles. Lorsque la victoire sera remportée et que la France sera libérée de l'oppresseur, le Peuple Français sera libre de choisir, le plus rapidement possible et selon les méthodes démocratiques, le Gouvernement sous lequel il veut vivre.

L'ennemi combattra avec le courage du désespoir. Il emploiera tous les moyens—si cruels soient-ils—pour essayer d'enrayer notre progrès. Mais notre cause est juste, nos armes sont puissantes. Avec nos valeureux alliés russes, nous marchons vers la victoire certaine.

DWIGHT D. EISENHOWER,
Général, Commandant Suprême des
Forces Expéditionnaires Alliées

Prix
1 Franc
au profit
de la
Croix-Rouge
Française

LIBERATOR

N° 1

Vendredi 16 Juin 1944

Prix
1 Franc
au profit
de la
Croix-Rouge
Française

" Liberator " *est le premier quotidien allié publié sur le sol de la France libérée. Ce petit journal que nous espérons pouvoir vous présenter quotidiennement, vous est présenté par les alliés. Il paraît grâce aux efforts de deux imprimeurs ayant réuni leurs ressources et une bonne volonté souriante qu'il ont mis à notre disposition. Nous les en remercions très sincèrement.*

Les recettes de ce modeste journal qui sera vendu aux habitants de la localité, ainsi qu'aux troupes, seront intégralement versées à la Croix-Rouge Française.

Nous ferons notre possible pour maintenir ce journal provisoire jusqu'à ce que les facilités normales pour obtenir des nouvelles soient rétablies. Nous espérons que vous lui ferez bon accueil.

La Visite du Général de Gaulle

Le Général de Gaulle, accompagné de ses officiers d'état-major a de nouveau mis pied sur le sol de France après quatre ans d'exil, quatre longues années ou pas une minute n'a faibli la volonté ou la certitude de revenir un jour libérer ce beau pays de l'envahisseur.

Débarqué avant-hier du destroyer français " La Combattante ", le Général de Gaulle a aussitôt entrepris une rapide tournée des régions libérées. Partout l'accueil de la population a été enthousiaste. Partout en un langage clair, bref, le Général a dit à la population sa joie de revoir la France, sa peine de voir les souffrances qu'elle avait subies, et sa confiance inébranlable dans l'avenir. Faut-il vous avouer que même les officiers et soldats anglais et américains eurent la gorge serrée quand le Général entonna *la Marseillaise* entouré de la population qui chanta avec lui.

A Bayeux, il reçut une ovation délirante de la population, qui le bombarda de fleurs.

LA GUERRE

La situation en Normandie

Comme prévu, la bataille augmente en intensité sur tout le front en Normandie, mais partout les Alliés gardent l'initiative et ce sont eux qui mènent le combat.

Les combats les plus violents se sont déroulés aux environs de Montebourg, Carentan et Caen.

A Montebourg, nous avons dû céder du terrain. La situation est assez confuse, et nous nous battons aux abords de la ville.

A Carentan les troupes américaines avancent maintenant vers le sud et l'ouest après avoir repoussé une violente contre-attaque allemande. Au cours de ces combats nous avons détruit quatorze tanks allemands

ans la région de Caen, l'ennemi contre attaque avec quatre divisions blindées. Nous avons dépassé et contourné Caen de près de quinze kilomètres et prenons maintenant la ville à revers. Nos troupes rencontrent très peu d'infanterie allemande dans cette région.

Dans le saillant de Caumont, nous avons gagné du terrain. Nos patrouilles avancées sont dans les parages de Villers-Bocage. De durs combats se livrent à Tilly.

Les Allemands éprouvent des difficultés de ravitaillement

L'ennemi éprouve des difficultés de ravitaillement et de transports. En divers endroits l'artillerie n'est plus motorisée, mais tirée à l'aide de chevaux. Beaucoup de leurs transports se font à bicyclette.

Le passage de la Seine représente une des plus grosses difficultés pour l'ennemi, qui ne peut amener de réserves ou d'approvisionnement du Nord de la France. En effet les cent-vingt-huit ponts et bacs sur la Seine sont détruits ou coupés. Continuellement nos avions survolent cette région et détruisent à la bombe toute tentative d'établissement de bac, pontons, etc.

Nous sommes les maîtres de l'air

Nos attaques aériennes continuent sans cesse sur l'ennemi le jour comme la nuit. Nous avons établi un nouveau record avec mille cinq cent bombardiers lourds sur les installations allemandes en France. Au Havre, nous avons bombardé toutes les installations portuaires, et notamment la base sous-marine.

Nos bombardiers légers ont attaqué l'Allemagne et les allemands viennent d'annoncer que nous venons de bombarder Hanovre.

La guerre en Italie

Nos troupes avancent toujours en Italie. Nous sommes maintenant à plus de cent cinquante kilomètres au Nord de Rome. Les villes de Narni et Bano-Reggio viennent de tomber entre nos mains. La situation est des plus satisfaisante.

Les Russes avancent sur Vipuri

Les forces russes ont brisé la deuxième ligne de défense sur le front de Karélie, et avancent maintenant inexorablement sur Vipuri.

Un nouveau débarquement dans le Pacifique

Les japonais annonce que des forces américaines auraient débarqués dans l'île de Sipan, dans les Mariannes, et que de violents combats seraient en cours.

Isigny - zones interdites au public

Les autorités alliées et civiles annoncent que tout le territoire compris entre le port et la scierie, est maintenant interdit au public.

Seules les personnes habitant dans cette zone, ou étant obligées de s'y rendre pour leur travail pourront y circuler à l'aide de permis qui seront délivrés par les Affaires Civiles à l'Hôtel-de-Ville.

DERNIÈRE MINUTE

Les troupes américaines ont avancé de huit kilomètres à l'Ouest de Carentan sur la route de la Haye-du-Puits.

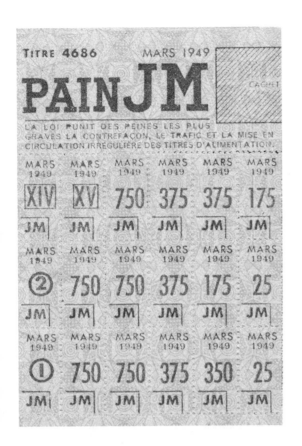

TITRE 4686   MARS 1949

PAIN JM

CACHET

LA LOI PUNIT DES PEINES LES PLUS
GRAVES LA CONTREFAÇON, LE TRAFIC ET LA MISE EN
CIRCULATION IRRÉGULIÈRE DES TITRES D'ALIMENTATION.

MARS 1949	MARS 1949	MARS 1949	MARS 1949	MARS 1949	MARS 1949
XIV	XV	750	375	375	175
JM	JM	JM	JM	JM	JM
②	750	750	375	175	25
JM	JM	JM	JM	JM	JM
①	750	750	375	350	25
JM	JM	JM	JM	JM	JM

Titre n°3650 normal

DENRÉES DIVERSES **J3**

AVRIL 1947

T1 Titre 4.1.8.4 TRAVAILLEURS AVRIL 1948		CACHET	
AVRIL 48	AVRIL 48	AVRIL 48	AVRIL 48
XXI	XXII	I	II
T1	T1	T1	T1

TITRE 2230
Valable du 1er Mars 1945
au 31 Août 1945

POMMES de TERRE   CACHET

1945	1945	1945	1945	1945	1945
66	67	68	69	70	IX
P. de T.	P. de T.	P. de T.	P. de T.	P. de T.	P. de T.
1945	1945	1945	1945	1945	1945
61	62	63	64	65	VIII
P. de T.	P. de T.	P. de T.	P. de T.	P. de T.	P. de T.

TITRE 2585 SPÉCIAL
Valable à partir du
1 Septembre 1945

POMMES de TERRE   CACHET

1945-46	1945-46	1945-46	1945-46	1945-46	1945-46	1945-46	1945-46
22	23	24	25	26	27	28	IV
P. de T.	P. de T.	P. de T.	P. de T.	P. de T.	P. de T.	P. de T.	P. de T.
1945-46	1945-46	1945-46	1945-46	1945-46	1945-46	1945-46	1945-46
15	16	17	18	19	20	21	III
P. de T.	P. de T.	P. de T.	P. de T.	P. de T.	P. de T.	P. de T.	P. de T.
1945-46	1945-46	1945-46	1945-46	1945-46	1945-46	1945-46	1945-46
8	9	10	11	12	13	14	II
P. de T.	P. de T.	P. de T.	P. de T.	P. de T.	P. de T.	P. de T.	P. de T.
				1945-46	1945-46	1945-46	1945-46
				5	6	7	I
				P. de T.	P. de T.	P. de T.	P. de T.

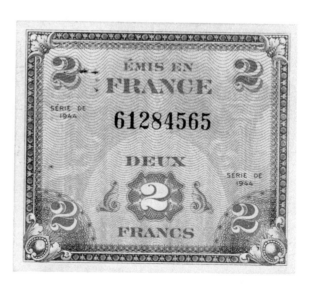

AU NOM DES GOUVERNEMENTS

DES ETATS-UNIS D'AMERIQUE

ET DE LA GRANDE-BRETAGNE

AVIS
au Peuple Français

Au moment même du débarquement du Corps Expéditionnaire Américain en Afrique française du Nord, le texte suivant a été radiodiffusé aux populations des deux zones de la France Métropolitaine

AU VERSO ➡

AVIS – AU PEUPLE FRANÇAIS

LE débarquement du Corps Expéditionnaire Américain en Afrique française du Nord constitue le premier pas vers la libération de la France. L'objet de l'opération en cours est d'anéantir les forces italo-allemandes en Afrique du Nord.

Nos forces arrivent en Afrique française du Nord en amis. Le jour où la menace italo-allemande ne pèsera plus sur les territoires français, elles s'en iront. La souveraineté de la France sur les territoires français reste entière.

Nous entrons aujourd'hui dans la phase offensive de la guerre de libération. C'est le commencement.

Le général Eisenhower, Commandant-en-chef du Corps Expéditionnaire Américain, fait appel au concours actif des Français de l'Afrique du Nord. Cependant le moment n'est pas encore venu de faire appel au peuple français dans son ensemble. Pour l'instant nous demandons à la population française en France même de rester sur l'expectative.

L'heure de l'insurrection nationale n'a pas encore sonné. Nous avons déjà promis de vous prévenir quand cette heure viendrait.

Elle est aujourd'hui plus proche.

Nous tiendrons notre promesse.

F.141

Qu'*ils* se méfient!

"Maintenant nous avons une aviation égale en nombre—pour ne rien dire de la qualité—à celle de l'Allemagne."

Winston Churchill
10 NOVEMBRE 1941

Les Otages

DECLARATION DU
Président Roosevelt
SUR LES EXECUTIONS D'OTAGES EN FRANCE

Maison Blanche, Washington
25 octobre 1941

" La pratique consistant à exécuter en masse d'innocents otages en représailles d'attaques isolées contre des Allemands dans les pays provisoirement placés sous la botte nazie révolte un monde pourtant déjà endurci aux souffrances et aux brutalités.

" Les peuples civilisés ont depuis longtemps adopté le principe qu'aucun homme ne doit être puni pour les actes d'un autre homme. Incapables d'appréhender les personnes ayant pris part à ces attaques, les nazis, selon leurs méthodes caractéristiques, égorgent cinquante ou cent personnes innocentes.

" Ceux qui voudraient " collaborer " avec Hitler, ou qui voudraient chercher à l'apaiser, ne peuvent point ignorer cet effroyable avertissement.

" Les nazis auraient pu apprendre de la dernière guerre l'impossibilité de briser le courage des hommes par la terreur. Au contraire, ils développent leur " lebensraum " et leur " ordre nouveau " en s'enfonçant plus bas qu'ils n'avaient eux-mêmes jamais été dans un abime de cruauté.

" Ce sont là les actes d'hommes désespérés qui savent au fond de leur cœur qu'ils ne peuvent pas vaincre. Le terrorisme n'apportera jamais la paix en Europe. Il ne fait que semer les germes d'une haine qui, un jour, amènera un terrible châtiment."

Franklin D. Roosevelt

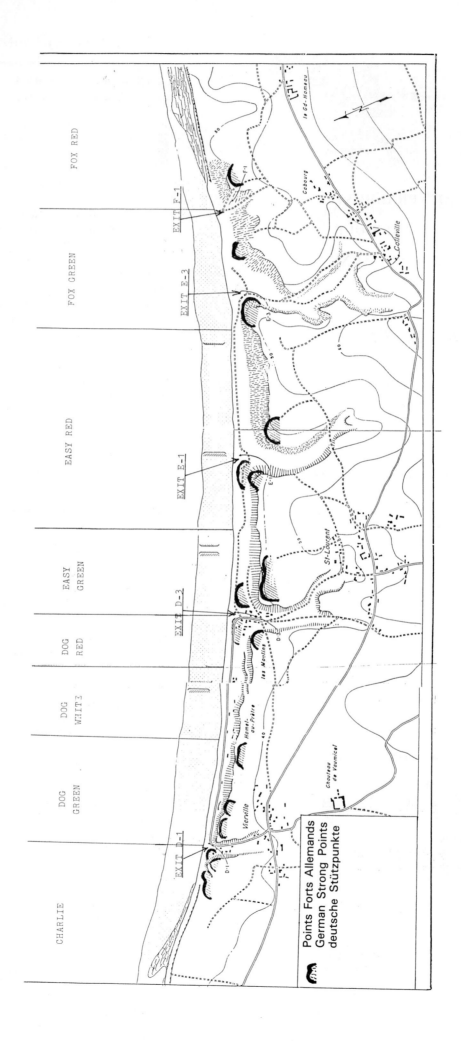

CHARLIE · DOG GREEN · DOG WHITE · DOG RED · EASY GREEN · EASY RED · FOX GREEN · FOX RED

EXIT D-1 · EXIT D-3 · EXIT E-1 · EXIT E-3 · EXIT F-1

Vierville · Hamel-au-Prêtre · les Moulins · St-Laurent · Colleville · Cabourg · le Gd-Hameau

Château de Vaumicel

Points Forts Allemands
German Strong Points
deutsche Stützpunkte

CHAPITRE II

PRÉPARATION EN ANGLETERRE

PREPERATION IN ENGLAND

VORBEREITUNG IN ENGLAND

La photo montre de gauche à droite : Le lieutenant général Omar Bradley, le major général Leonard T. Gerow, commandant le Ve corps, le général Dwight D. Eisenhower, commandant suprême des forces Alliées, et le major général J. Lawton Collins, commandant le VIIe corps. Le général Eisenhower vient de remettre à ces officiers les palmes de feuilles de chêne, au cours d'une cérémonie quelque part en France.

Photo shows left to right : Lt General Omar Bradley, Major General Leonard T. Gerow, General Dwight D. Eisenhower and Major General J. Lawton Collins. General Eisenhower has just finished awarding to these officers leaf clusters at a ceremony, somewhere in France.

Von links nach rechts : Generalleutnant Omar Bradley, Generalmajor Leonard T. Gerow, Befehlshaber des 5. Korps, General Dwight D. Eisenhower, Oberbefehlshaber der Alliierten Streitkräfte, und Generalmajor J. Lawton Collins, Befehlshaber des 7. Korps. General Eisenhower hat soeben diesen Offizieren im Rahmen einer Feierstunde irgendwo in Frankreich den Eichblattorden überreicht.

Photo US Signal Corps

Premiers jours de juin 1944. Tous les véhicules stockés en Angleterre ont fait route vers les côtes sud pour l'embarquement. Chars Sherman, 34 tonnes, canon de 75 mm, mitrailleuse de 7,62 mm, équipage de cinq hommes.

First days of June 1944. All the vehicles stored in England made their way to the South coasts for embarkment. Sherman tanks, 34 tons, 75 mm gun, 7,62 mm machinegun, crew of five men.

Die ersten Juni-Tage 1944. Alle in England gelagerten Fahrzeuge haben sich für die Verschiffung auf den Weg zu den Südküsten gemacht. Sherman Panzer, 34 Tonnen, 75 mm Geschütz, 7,62 mm Maschinengewehr, 5 Mann Besatzung.

En préparation pour l'invasion, l'équipement et les véhicules sont chargés à bord des LST (Liberty Ships). Ces chenillettes, fabriquées par Studebaker, étaient très rapides et passaient partout d'où leur surnom de « belettes ».

In preparation for the invasion, equipment and vehicles are loaded aboard LSTs. These tracked vehicles, made by Studebaker, were very fast and could go anywhere, and consequently were called « weasels ».

Bei der Vorbereitung zur Invasion werden Ausrüstung und Fahrzeuge an Bord von Landungsschiffen vom Typ LST geladen. Diese von Studebaker hergestellten Raupenfahrzeuge waren sehr schnell und wendig, daher ihr Name « Wiesel ».

1er JUIN 1944

En préparation de l'invasion, l'équipement de l'artillerie est chargé à bord des péniches (LCT) dans le port anglais de Brixham.

In preparation for the invasion, artillery equipment is loaded aboard LCTs at the English port of Brixham.

Bei der Vorbereitung zur Invasion wird im englischen Hafen Brixham Artillerieausrüstung an Bord von Landungsbooten vom Typ LCT geladen.

Grosses péniches (LST ou Liberty Ships, 101 m de long) échouées sur une plage anglaise pour l'embarquement des hommes et du matériel. Elles seront remises à flot par la marée montante et se dirigeront vers le point de rassemblement près de l'île de Wight.

LSTs or Liberty Ships dry docked on a British beach for loading of equipment and men. They will float again with the high tide and sail toward the assembly area near the Wight island.

Landungsschiffe vom Typ LST oder Liberty Ships, 101 m lang, sind auf einem englischen Strand aufgelaufen, um Männer und Material an Bord zu nehmen. Sie werden bei Flut wieder flottgemacht und sich zum Sammelpunkt in der Nähe der Insel Wight begeben.

L'entassement des hommes à bord d'une péniche LST. Ils sont munis de bouées de sauvetage.

The crowding of men aboard an LST. They are equiped with life buoys.

Die Ansammlung von Männern an Bord eines Landungsschiffes vom Typ LST. Sie sind mit Schwimmwesten ausgerüstet.

Photo US National Archives

L'infanterie à bord d'une péniche avec au premier plan trois Jeeps.

American infantry aboard a landing craft with three Jepps on foreground.

Amerikanische Infanterie an Bord eines Landungsbootes, im Vordergrund drei Jeeps.

41

Photo US National Archives

Péniche LCT chargée de chars dont un, porteur d'un élément de pont préfabriqué.

LCT loaded with thanks, one carrying a prefab bridge element.

Landungsboot vom Typ LCT mit Panzern, von denen einer ein vorgefertigtes Brückenteil transportiert.

Photo US National Archives

Char Sherman équipé d'un « fléau » : Les chaînes battaient le sol devant le char pour faire exploser les mines.

Sherman tank with a « flail » : The chains were beating the ground ahead of the tank to explode the mines.

Mit einem « Flegel » ausgerüsteter Sherman Panzer : die Ketten schlugen auf den Grund, um Minen zum Explodieren zu bringen.

En Angleterre, chargement d'un bombardier.

In England, loading of a bomber.

In England, Beladen eines Bombers.

CHAPITRE III

LE DÉBARQUEMENT

THE LANDINGS

DIE LANDUNG

6 JUIN 1944

Les petites péniches ont été mises à la mer par les gros transporteurs à environ 16 km des plages. Ces péniches sautant dans la grosse mer, passent près du croiseur *Augusta*, bâtiment de commandement de la force d'assaut Ouest. Les péniches (LCVP) transportaient l'équivalent d'une compagnie.

Landing crafts were launched from transports 10 miles from the beaches. These crafts going off the rough sea, are passing by the cruiser *Augusta*, flagship of Western Task Force. The LCVP's in foreground would carry something more than a company of infantry.

Landungsboote werden von Transportern ungefähr 16 Kilometer vom Strand entfernt zu Wasser gelassen. Bei hohem Seegang fahren diese Boote am Kreuzer *Augusta* vorbei, dem Kommandoschiff der westlichen Angriffsmächte. Die Landungsboote vom Typ LCVP im Vordergrund konnten etwas mehr als eine Infanteriekompanie transportieren.

A bord d'une péniche, un photographe a pris cette photo au moment même où un obus explosait. Secteur Easy Red, Omaha Beach. Il y avait plusieurs batteries allemandes, généralement des pièces de 105 mm, à l'intérieur des terres, à Deux-Jumeaux, Surrain et Russy, qui ont tiré sur la plage jusqu'à ce qu'elles soient réduites au silence par les tirs des destroyers. 6 juin 1944.

Aboard a landing craft, a photographer took this picture at the very moment when a shell exploded. Sector Easy Red, Omaha Beach. There were several german batteries, most of them 105 mm guns, inland at Deux-Jumeaux, Surrain, Russy, and which fired on the beach and landing crafts until silenced by the fires of the destroyers. 6 June 1944.

Auf einem Landungsboot. Ein Photograph hat diese Aufnahme gemacht, als ein Geschoß sprengte. Sektor Easy Red, Omaha Beach. Es gab im Landesinneren, in Deux-Jumeaux, Surrain und Russy mehrere deutsche Batterien, im Allgemeinen 105 mm — Geschütze, die auf den Strand schossen, bis die Feuergeschütze sie zum Stillschweigen brachten. 6.Juni 1944.

48

Soldats Américains et matériel à bord d'une péniche de débarquement.

American soldiers aboard a landing craft.

Amerikanische Soldaten und Kriegsmaterial auf einem Landungsboot.

6 JUIN 1944

Les débarquements et l'assaut. Cette péniche (LCVP) a touché le sol à quelque distance du rivage et les hommes avancent péniblement dans l'eau vers la longue bande de sable nu. Un char (le n° 9 de la Cie A du 741e bataillon de chars) est au bord du rivage, juste devant la péniche sur le secteur Easy Red. On pense que ces hommes font partie du 1er bataillon du 16e RI, débarquant vers 7 h 30, alors que la marée monte à travers les obstacles les plus bas.

Assault landings. This LCVP has grounded some distance out, and the men are wading toward the long stretch of open sands. A tank (n° 9, from company A, 741st bank battalion) is on the edge of the tidal flat just ahead, on beach sector Easy Red. These troops are believed to be members of the 1st battalion, 16th infantry, landing about 0730, when the tide was through the lower obstacles.

Landung und Angriff. Dieses Landungsboot vom Typ LCVP ist nahe der Küste gestrandet und die Männer waten auf die langen Strandbänke zu. Ein Panzer (Nr. 9 der Kompanie A, 741. Panzerbattalion) ist am Meeresufer genau vor dem Landungsboot im Sektor Easy Red. Man nimmt an, daß diese Männer zum 1. Battalion des 16. Infanterieregiments gehören, das gegen 7 Uhr 30 landete, als die Flut durch niedrige Hindernisse anstieg.

6 JUIN 1944

L'avance sur Easy Red est en cours sur les pentes de l'arrière-plan, alors que les renforts de la 1ʳᵉ DI (probablement le 18ᵉ RI) débarquent plus tard dans la matinée. Noter le talus de galets qui a empêché les véhicules d'avancer, les obligeant à rester sur une étroite bande de sable juste au-dessus du niveau de marée haute. Deux « canards » sont arrivés. La fumée à l'arrière-plan provient des tirs de la marine soutenant les débarquements.

Advance from Easy Red is under way up the slopes in background, as 1st division reinforcements (probably 18th infantry) land late in the morning. Note the shingle which confined vehicles to a narrow sand strip just above high tide. Two « ducks » have made shore. The smoke in the background is from naval gunfire supporting the landings.

Auf den Hängen im Hintergrund ist der Vormarsch auf Easy Red in vollem Gange, während die Verstärkung der 1. Division (wahrscheinlich des 18. Infanterieregiments) am späten Vormittag landet. Man bemerke das Strandgeröll, das die Fahrzeuge am Vormarsch hinderte und sie zwang, auf einem schmalen Sandstreifen knapp über dem Flutpegel zu verharren. Zwei « Enten » haben angelegt. Der Rauch im Hintergrund stammt vom Kanonenfeuer der Marine, die die Landung unterstützt.

6 juin 1944. Véhicules immobilisés par les tirs allemands. Victimes encore allongées sur le sable. Un LST (Liberty ou Victory Ship) a buté sur le premier banc de sable et n'a pas pu approcher plus près du rivage.

June 6, 1944. Vehicles hit and disabled by german artillery. Dead men still laying on the sand. A landing ship (Victory or Liberty Ship) grounded on the first sand bar and could not arrive closer to shore.

6. Juni 1944. Durch deutschen Beschuß zum Stillstand gebrachte Fahrzeuge. Opfer, die noch immer auf dem Strand liegen. Ein Landungsschiff (Liberty oder Victory Ship) ist auf die erste Sandbank aufgelaufen und hat sich der Küste nicht weiter nähern können.

Photo US Signal Corps

6 JUIN 1944

Les véhicules sont bloqués sur la plage par le talus de galets atteint par la marée haute vers 11 heures le Jour-J. Ce secteur est sur Easy Red et la vallée E-3, encore fortement défendue par les forces allemandes, est à environ 400 mètres à l'est (à gauche).

Vehicles are held on the tidal flat, unable to get beyond the shingle, which was reached by high tide about 1100, D-Day. This sector is on Easy Red, and E-3 draw, still strongly defended by the german forces, is about a quarter of a mile to the East (left).

Fahrzeuge sind auf dem Strand blockiert und können nicht das Strandgeröll überwinden, das am Tag X gegen 11 Uhr von der Flut erreicht wird. Dieser Abschnitt gehört zu Easy Red, und das Tal E-3, das von den deutschen Streitkräften noch heftig verteidigt wird, liegt ungefähr 400 Meter östlich (links).

Photo US National Archives

6 JUIN 1944

La péniche de débarquement d'infanterie (LCI) US 553 débarque des troupes sur Omaha Beach en Normandie alors que les Alliés envahissent la France. Cette péniche 553 reçut deux obus directs et fut laissée en épave sur la plage.

The LCI US 553 lands troops at Omaha Beach, Normandy, France, as Allies invade France in World War II. The LCI US 553 received two direct hits and was left at wreck on the beach.

Das Landungsschiff der Infanterie (LSI) US 553 bringt bei Omaha Beach in der Normandie, Frankreich, Truppen an Land, während die Alliierten in Frankreich einmarschierten, Die LSI US 553 wurde von zwei Volltreffern beschädigt und als Wrack am Strand zurückgelassen.

6 JUIN 1944, 8 H 30

Les débarquements à marée haute furent fortement gênés par les obstacles de la plage. La péniche LCI-L 83 transportant des éléments du génie de combat approcha de Fox Green vers 8 h 30, fut incapable d'aborder et déchargea 72 hommes sur des LCVP. Un obus frappa la partie gauche, tuant 16 hommes. Touchant finalement le sable à 11 h 16, la péniche fut à nouveau endommagée par une mine mais tous les hommes débarquèrent et la péniche fut remise à flot la nuit même.

High tide landings were hindered by the beach obstacles. LCI (L) 83, carrying combat engineers, approached Fox Green at 0830, was unable to get in, and debarked 72 men on LCVP's. An artillery hit on the port bulwarks caused 16 casualties. Finally, beaching at 1116, the craft was further damaged on one side by a mine but everyone debarked and the LCI was floated off that night.

Die Landungen bei Flut wurden durch Strandsperren behindert. Das Landungsboot LCI (L) 83, das Kampfpioniere an Bord hatte, näherte sich um 8 Uhr 30 Fox Green, konnte aber nicht anlegen und lud 72 Mann auf Landungsboote vom Typ LCVP um. Eine Granate schlug in die linke Reling ein und tötete 16 Mann. Das Boot, das schliesslich um 11 Uhr 16 landete, wurde abermals auf einer Seite von einer Mine beschädigt, aber alle Mann gingen an Land, und das LCI wurde noch in derselben Nacht wieder flottgemacht.

Dans la matinée du Jour-J les péniches de débarquement continuent d'arriver sans cesse en plein dans la bataille qui fait rage. Les batteries allemandes n'ont pas toutes été réduites au silence et causent des pertes importantes aux bateaux Alliés.

In the morning of D-Day, landing crafts keep on coming non-stop in the middle of the battle. The German batteries have not been all silenced and inflict important damage to allied ships.

Am Morgen des Tages X. Die Landungsboote kommen immer noch an, obwohl die Schlacht tobt. Die deutschen Batterien sind noch nicht alle zerstört und fügen den Schiffen der Alliierten schwere Schäden zu.

Photo US Signal Corps

Les grosses péniches « Liberty Ships » se sont échouées sur les bancs de sable et déversent leur cargaison d'hommes et de matériel.

Big LSTs have grounded on sand bars and unload men and material on the beach.

Die großen Landungsboote « Liberty Ships » sind auf den Sandbänken gestrandet, die Männer und das Kriegsmaterial sind ausgeladen.

Jour-J vers midi. A droite les hommes grimpent vers l'intérieur alors que les débarquements continuent sans arrêt sur la plage. Sortie de plage E-3, Colleville-sur-Mer.

D-Day around noon. Right, infantrymen climb inland while the landings keep on non-stop on the beach. Beach Exit E-3, Colleville-sur-Mer.

Am Tage X gegen Mittag. Rechts klettern die Männer ans Land, während die Landung am Strand unaufhörlich weitergeht. Strandausfahrt E-3, Colleville-sur-Mer.

6 JUIN 1944

Le talus de galets est l'une des caractéristiques de presque toute la longueur de la plage d'Omaha. Il est presque partout infranchissable aux véhicules mais procurait quelque abri aux troupes attaquantes. Cette partie se trouve près de la sortie D-3, à la limite des secteurs Dog Red et Easy Green, les Moulins à Saint-Laurent-sur-Mer, près de la maison que le major Bingham occupa au début de l'attaque. Les tranchées allemandes sont juste au-delà des barbelés, en haut des galets.

The shingle embarkment was characteristic of the whole length of Omaha Beach. It was impassable at most places for vehicles, but afforded some cover for the assault troops. This section is in front of D-3 draw, at the limit between sectors Dog Red and Easy Green, at les Moulins, Saint-Laurent-sur-Mer, by the house which Major Bingham occupied early in the assault. German trenches were just beyond the wire on the top of the shingle. The crest line of the bluff barely shows.

Die Geröllböschung war für den Strand von Omaha in seiner ganzen Länge charakteristisch. Sie war fast überall für Fahrzeuge unpassierbar, bot aber den angreifenden Truppen etwas Schutz. Dieser Abschnitt befindet sich gegenüber dem Ausgang D-3, auf der Grenze zwischen den Abschnitten Dog Red und Easy Green, bei les Moulins, Saint-Laurent-sur-Mer, in der Nähe des Hauses, das Major Bringham am Anfang des Angriffs besetzte. Die deutschen Schützengräben befanden sich gleich hinter den Stacheldrähten oben auf dem Geröll.

59

6 JUIN 1944

Les hommes d'une péniche coulée vont être sauvés par une corde qui va leur être amenée depuis le rivage. Les hommes du corps médical accomplissent de nombreux actes d'héroïsme, travaillant sous le feu ennemi, ramenant au rivage les blessés restés sur la laisse de mer et menacés par la marée montante.

Men of wrecked landing craft are being rescued by lifelines carried out to them from the beach. Medical service performed many acts of heroism, working under fire to bring up the wounded men left on the tidal flat and threatened by rising tide.

Die Besatzung eines gesunkenen Landungsbootes wird mit Hilfe von Tauen gerettet, die ihnen vom Strand her herausgebracht werden. Die Männer des Sanitätskorps vollbrachten viele Heldentaten, weil sie unter Feuerbeschuß arbeiteten, um die Verwundeten zu bergen, die auf dem Strand zurückgelassen und von der Flut bedroht wurden.

Photo US Signal Corps

6 JUIN 1944

Des soldats américains, dans l'eau jusqu'à la taille, se servent d'un cordage pour secourir plusieurs hommes d'une péniche coulée par l'ennemi, sur une plage de France.

American soldiers waist deep in water, use a lifeline rig as they rescue several men from a landing craft which was sunk by the ennemi, on a french beach.

Amerikanische Soldaten, bis zur Taille im Wasser, benutzen ein Seil, um mehrere Männer eines Landungsbootes zu retten, das vom Feind versenkt wurde, an einem französischen Strand.

6 JUIN 1944

La première mission du génie est de nettoyer la plage et d'ouvrir des brèches dans les rangées d'obstacles. Le feu ennemi est très intense et les hommes ont jeté les explosifs par-dessus bord pour faire place aux blessés.

The primary mission of the engineers is to clear gaps through the lines of obstacles. Ennemi fire is very heavy and the men have thrown the explosives overboard to make place for the wounded.

Die erste Aufgabe der Pioniere ist es, eine Bresche durch die Reihen der Hindernisse zu schlagen. Das feindliche Feuer ist sehr heftig, und die Männer werfen den Sprengstoff über Bord, um für die Verwundeten Platz zu schaffen.

Photo US Signal Corps

6 JUIN 1944

Épuisés, ils arrivent enfin au rivage où les blessés vont recevoir les premiers soins. Les pertes de la force spéciale du génie s'élevèrent à 41 % le jour-J, la plupart subies pendant la première demi-heure.

Exhausted, they reach at least the shore where the wounded will receive first aid. Casualties for the special engineer task force ran to 41 % for D-Day, most of them suffered in the first half-hour.

Erschöpft erreichen sie endlich das Ufer, wo den Verwundeten erste Hilfe geleistet wird. Die Verluste der Spezialstreitkräfte der Pioniere beliefen sich am Tag X auf 41 %, die meisten fielen in der ersten halben Stunde.

6 JUIN 1944

Soldats du génie donnant les premiers soins à leurs camarades blessés. Ils ont atteint la côte de France de la façon la plus dure, certains en nageant, d'autres en s'accrochant à des radeaux pneumatiques, après que leur péniche ait été coulée par l'ennemi. En forme de boudins, deux bouées de sauvetage gonflées.

Men of an engineer brigade administering first aid to their buddies who reached the coast of France in the hard way, some by swimming, and others by floating on rubber life rafts, after their landing craft was sunk by ennemi action. Two inflated life buoys.

Männer einer Pionierbrigade leisten ihren Kameraden erste Hilfe, die die Küste Frankreichs auf die schwierigste Art und Weise erreichten : einige, indem sie schwammen, und andere, indem sie sich auf Schlauchbooten treiben ließen, nachdem ihr Landungsboot durch eine feindliche Aktion versenkt worden war. Zwei aufgeblasene Rettungsbojen, die die Form einer Rolle haben.

Photo US Signal Corps

6 JUIN 1944

Des infirmiers et docteurs américains font une transfusion de plasma au survivant d'une péniche coulée à quelque distance du rivage, sur le secteur Fox Green. Hommes de la 5e brigade de génie : la tête du blessé repose sur une bouée de sauvetage gonflée.

American medics administer a plasma transfusion to a survivor of a landing craft sunk off the coast, on Fox Green sector. The men belong to the 5th engineer special brigade : The wounded's head rests on an inflated life buoy.

Amerikanische Sanitäter machen bei einem Überlebenden eines Landungsbootes, das vor der Küste im Abschnitt Fox Green gesunken war, eine Plasmaübertragung. Die Männer gehören zur 5. Pionier-brigade : der Kopf des Verletzten ruht auf einer aufgeblasenen Rettungsboje.

6 JUIN 1944

Les débarquements furent retardés et dans l'après-midi l'approche des plages était encombrée par les bateaux attendant d'aborder alors que la marée descendante découvrait les obstacles. Un ponton métallique flottant, avec des grues à bord, arrive près de camions noyés. Les Moulins (Sortie D-3 à droite).

Landings were delayed and in the afternoon the approach to the beaches was crowded with crafts waiting to come in as the receding tide uncovered obstacles. A rhino-ferry, with cranes aboard, has come in near some drowned out trucks. Les Moulins (D-3) at right.

Die Landung wurde hinausgeschoben, und am Nachmittag war der Zugang zu den Stränden durch die Boote versperrt, die darauf warteten, anzulegen, während die Ebbe die Hindernisse freilegte. Ein schwimmendes Brückenboot mit Kränen an Bord hat sich einigen untergegangenen Lastwagen genähert. Les Moulins (Ausgang D-3 rechts).

6 JUIN 1944

Des hommes de la 5e brigade de génie, lourdement chargés, débarquent à cheval sur les secteurs Easy Red, Fox Green et Fox Red.

Men of the 5th engineer brigade, heavily burdened, land astride several sectors, Easy Red, Fox Green and Fox Red.

Schwer beladene Männer der 5. Pionierbrigade landen gleichzeitig in den Sektoren Easy Red, Fox Green und Fox Red.

6 JUIN 1944

Des bancs rocheux dominent la plage sur Fox Red, où le pied des pentes ressemble plutôt à des falaises. Des hommes de la 5e brigade de génie transportant les armes lourdes et l'équipement, arrivent sur ce secteur où la compagnie L du 16e RI s'est abritée avant de partir sur la droite attaquer le point fort F-1.

Rocky ledges outcrop on the beach at Fox Red, where the foot of the bluff is cliff-like. Troops of the 5th engineer brigade, carrying heavy weapons equipment are coming in at the sector where company L, 16th infantry, found shelter before moving right to assault the F-1 strongpoint.

Felsenbänke beherrschen den Strand im Abschnitt Fox Red, wo der Fuß der Abhänge eher Klippen gleicht. Truppen der 5. Pionierbrigade, die schwere Waffenausrüstung tragen, erreichen den Abschnitt, wo die Kompanie « L » des 16. Infanterieregiments Schutz fand, bevor sie rechts vordrang, um den Stützpunkt F-1 anzugreifen.

68

6 JUIN 1944

Un important groupe d'hommes des troupes d'assaut américaines du 3e bataillon, 16e RI, 1re division d'infanterie, ayant gagné un abri relatif au pied des falaises crayeuses, « soufflent » un peu avant d'avancer vers l'intérieur des terres à Colleville-sur-Mer, Omaha Beach. Les infirmiers qui débarquèrent avec les hommes soignent les blessés légers.

A large group of American assault troops of the 3rd battalion, 16th infantry, 1st infantry division, having gained the comparative safety afforded by the chalk cliff at their back, take a « breath » before moving onto the continent, at Colleville-sur-Mer, Omaha beach. Medics who landed with the men treat them for minor injuries.

Eine große Gruppe der amerikanischen Sturmtruppen des 3. Batallions 16. Infanterieregiment, 1. Infanteriedivision, die einen relativ sicheren Schutz am Fuße der Kreideklippen gefunden hat, verschnauft etwas, bevor sie bei Colleville-sur-Mer, Omaha Beach weiter ins Innere vorstößt. Die Sanitäter, die mit den Männern landeten, versorgen die Leichtverletzten.

69

7 JUIN 1944

Les approvisionnements sont déversés sans arrêt sur Omaha Beach, sortie de plage E-1 (Le Ruquet). Photo prise par un photographe combattant de l'US Coast Guard, de la crête du plateau creusé de tranchées par les forces allemandes. La mer est envahie de bateaux alors que les renforts et les approvisionnements sont amenés au rivage pour la conquête de la péninsule du Cotentin. Des barrages de ballons flottent en l'air pour protéger les bateaux des mitraillages à basse altitude par les chasseurs ennemis ; un ballon repose sur le pont d'une péniche (LCT). Un défilé ininterrompu de camions chargés d'hommes et d'approvisionnements se dirige vers l'intérieur.

Supplies pour ashore on Omaha Beach, Exit E-1. Photo made by a US Coast Guard combat photographer from a hillside cut with the trenches of ousted Germans. The waters are flocked with shipping as reinforcements and supplies are funneled ashore for the conquest of the Cotentin peninsula. Balloon barrages float overhead to protect the ships from low-flying ennemi strafers : one balloon rests on the deck of an LCT. Headed inland, are parades of trucks loaded with troops and supplies.

Versorgungsgüter kommen bei Omaha Beach, Ausgang E-1 an Land. Dieses Photo wurde von einem kämpfenden Photographen der US. Küstenwache von einem Abhang aus aufgenommen, der von den Schützengräben der verdrängten Deutschen durchgeschnitten war. Das Meer ist voller Boote, während Verstärkungen und Versorgungsgüter für die Eroberung der Halbinsel Cotentin an Land gebracht werden. Ballonsperren schweben in der Luft, um die Schiffe gegen Beschießung durch tieffliegende, feindliche Jadgflieger zu schützen : ein Ballon bleibt auf dem Deck eines Landungsbootes vom Typ LCT. Eine endlose Reihe von Lastwagen, die mit Truppen und Versorgungsgütern beladen sind, bewegt sich landeinwärts.

7 JUIN 1944

La route de la sortie de plage E-1 fut élargie le Jour-J vers 13 heures, le génie travaillant sous le feu de tireurs d'élite isolés. A gauche, un grader nivelle la route. Auparavant, les démineurs sont passés et ont marqué les parties déminées par des rubans blancs, car cette vallée avait été très fortement minée par les Allemands.

The E-1 Exit road was widened on D-Day by 13:00, the engineers working under fire from snipers. Left, a grader level the road. A white tape to mark mine-cleared areas was still needed, since this draw had been heavily mined.

Die Straße zum Strandausgang E-1 wurde am Tag X gegen 13 Uhr verbreitert, wobei die Pioniere während des Feuergeschosses der Eliteschützen arbeiteten. Links wird die Straße planiert. Vorher wurden die entminten Flächen mit weißen Bändern gekennzeichnet.

Photo US National Archives

8 JUIN 1944

Sortie de plage E-3, sur le secteur Fox Green. Les démineurs du génie sont passés et ont marqué de rubans blancs les parties nettoyées. Puis les bulldozers et les niveleuses ont élargi la petite route existante pour permettre un trafic de véhicules à double sens.

Beach Exit E-3, on Fox Green sector. Engineer EOD have marked with white ribbons the parts cleared of mines. Then the dozers and scrapers have widened the narrow existing road to allow a double way traffic to vehicles.

Strandausgang E-3 im Abschnitt Fox Green. Minenentschärfer der Pioniere haben mit weißen Bändern die Abschnitte gekennzeichnet, die von Minen gesäubert sind. Dann haben Planierraupen und — bagger die kleine vorhandene Straße verbreitert, um den Verkehr in beiden Richtungen zu ermöglichen.

Photo Sea Bees

Les démineurs ont fait leur travail et marqué les parties déminées de rubans blancs. Les débarquements continuent sans arrêt.

The Ordnance and Explosive Disposal men have accomplished their task and marked the cleaned up grounds with white ribbons. Landings keep on non stop.

Die Männer des Entminungsdienst haben ihre Arbeit erfüllt und die entminten Abschnitte mit weißen Bändern gekennzeichnet. Die Landungen halten ohne Unterbrechung an.

10 JUIN 1944

Quelque part en France. La route de mer a été élargie et améliorée par le génie américain, pour permettre le déplacement des hommes et des véhicules. A droite des hommes
continuent à débarquer, pataugeant dans l'eau vers le rivage.

Somewhere in France. The coastal road has been widened and improved by
US engineer, to allow traffic of men and vehicles. On the right, some men keep on
landing, wading to the shore.

Irgendwo in Frankreich. Die Küstenstraße ist von den amerikanischen Pionieren verbreitert und verbessert worden, um den Verkehr von Menschen und Flugzeugen zu
ermöglichen. Rechts landen weiterhin Männer, die zur Küste waten.

74

Photo US National Archives

Les péniches arrivées au rivage à marée haute ont déversé matériel et munitions sur la plage. A la prochaine marée, elles repartiront vers les cargos ancrés au large pour continuer l'approvisionnement. Secteur Easy Red, Colleville-sur-Mer.

Landing crafts touched ground at high tide and unloaded supplies and ammunition on the shore. At the next high tide, they will sail back to the cargos, anchored off shore, to keep on with bringing in supplies. Easy Red sector, Colleville-sur-Mer.

Landungsboote erreichten bei Flut das Ufer und luden Versorgungsgüter und Munition am Strand ab. Bei der nächsten Ebbe werden sie zu den Frachtschiffen zurückkehren, die vor der Küste vor Anker liegen, um weiter Versorgungsgüter heranzubringen. Abschnitt Easy Red, Colleville-sur-Mer.

Photo US Navy

Poste de commandement d'un « maître de plage ». Ces hommes de la marine américaine reçoivent par téléphone les points de résistance allemands, transmis par les observateurs en première ligne, et les indiquent en morse aux bâtiments ancrés le plus près possible du rivage.

US Navy Beach Master Command Post. These men of the US Navy receive by telephone the emplacements of german resistance, transmitted by the observers on the front line, and indicate them in morse to the ships anchored as close as possible of the shore.

Kommandoposten eines U.S. « Strandvorstehers ». Diese Männer der amerikanischen Marine erhalten per Telefon Angaben über deutsche Widerstandsstützpunkte, die von Spähern an der Front übermittelt werden, und geben sie mittels Morsezeichen an die Schiffe weiter, die möglichst nahe vor der Küste vor Anker liegen.

Poste de commandement d'un « maître de plage ». Les coordonnées de tir transmises par téléphone, par les observateurs en première ligne sont relayées aux bâtiments par morse, soit par fanions soit par la lampe à éclats.

US Navy Beach Master. CP Firing directions received by telephone from the observers in front line are relayed to the ships in morse either by flags or by flashing light.

Kommandoposten eines « Strandvorstehers ». Genaue Standortangaben für den Beschuß, die von den Spähern an der Front telefonisch übermittelt wurden, werden an die Schiffe über Morse entweder mit Signalflaggen oder mit Signalleuchten weitergegeben.

Collection Guy Dusseigne

Chenillettes amphibies « Alligators » destinées aux premières opérations de débarquement et aux opérations dans les régions marécageuses telle que celle de Carentan.

Amphibious « Alligators » designed for the first landings and for operations in swampy areas such as around Carentan, Manche, France.

Schwimmende Landungsfahrzeuge « Alligatoren », die für die ersten Landungen und für Operationen in moorigen Zonen wie um Carentan, Manche, Frankreich bestimmt waren.

CHAPITRE IV
LE RUQUET

9 JUIN 1944

Sortie de plage E-1, Le Ruquet, sur le secteur Easy Red. Des hommes du génie établissent un poste de commandement à l'abri d'une casemate allemande abritant un canon anti-char de 50 mm (point fort allemand WN 65).

Beach Exit E-1, Easy Red sector. Members of the engineer special brigade group set up a command post in the shadow of a silenced ennemi pillbox sheltering a 50 mm anti-tank gun (german strongpoint 65).

Strandausgang E-1, Le Ruquet, im Abschnitt Easy Red. Männer der Pioniertruppe errichten einen Kommandoposten im Schutze eines verstummten feindlichen Bunkers, der eine 50 mm Panzerabwehrkanone beherbergt (Deutscher Stützpunkt WN 65).

81

Photo US National Archives

9 JUIN 1944

Casemate du point fort allemand WN 65 : Canon de 50 mm anti-char avec frein de bou-
che. Un officier du génie américain y a accroché son porte-carte. Impact d'un obus sur le
fronton.

Pillbox of german strong-point WN 65 : 50 mm anti-tank gun with muzzle brake.
An american officer has suspended his map case on it. Direct hit of a naval shell on
the front piece.

Bunker des deutschen Stützpunktes WN 65 : 50 mm Panzerabwehrkanone. Ein amerikanischer Offizier hat seine Kartentasche daran gehängt. Einschlag einer Granate der
Marine an der Stirnseite.

Photo prise de l'intérieur de la casemate vers l'est, sur les secteurs Fox. A gauche, l'extrémité du canon anti-char. Les remorques chargées d'obus attendent les camions qui les emmèneront près de l'artillerie de campagne. A l'arrière-plan, les péniches continuent sans arrêt à décharger hommes et matériel.

Photo taken from the inside of the pillbox toward East on Fox sector. On the left ; the anti-tank gun muzzle. The trailers loaded with ammunition wait for the trucks to pull them to the field artillery guns. In the background, the landing crafts keep on landing men and material equipment.

Dieses Photo wurde vom Innern des Bunkers aus, in Richtung Osten, Abschnitte Fox aufgenommen. Links sieht man die Öffnung der Panzerabwehrkanone. Die Anhänger, die mit Munition beladen sind, warten auf die Lastwagen, die sie zur Feldartillerie bringen sollen. Im Hintergrund entladen die Landungsboote ununterbrochen Männer und Material.

Photo US National Archives

Sortie de plage E-1 sur le secteur Easy Red. Les engins lourds du génie ont élargi la petite route existante et c'est un flot incessant de véhicules qui foncent vers l'intérieur. La route passe au pied d'une casemate allemande.

Beach Exit E-1 on Easy Red. The heavy equipments of the engineer widened the narrow existing road and a constant flow of vehicles climb inland. The road passes near a german pillbox.

Strandausgang E-1 im Abschnitt Easy Red. Die schweren Maschinen der Pioniere haben die kleine existierende Straße verbreitert, und ein ununterbrochener Strom von Fahrzeugen dringt ins Landesinnere vor. Die Straße führt an einem deutschen Bunker vorbei.

Photo US National Archives

9 JUIN 1944

Sortie de plage E-1 : Une voiture d'officiers équipée d'un poste radio émetteur-récepteur à longue portée grimpe vers l'intérieur. A l'arrière-plan, la casemate servant de PC au génie.

Beach Exist E-1 : A command car transporting american Officers, equiped with a long range transceiver, climbs inland. In background, the german pillbox used as CP by the engineer.

Strandausgang E-1 : ein Offizierswagen, der amerikanische Offiziere befördert und mit einem Funkradio ausgestattet ist, schiebt sich ins Landesinnere. Im Hintergrund ein deutscher Bunker, der den Pionieren als Kommandoposten dient.

Photo US National Archives

11 JUIN 1944

Tranchées allemandes et réseaux de barbelés juste au-dessus de la casemate WN 65. Chaque point fort allemand était constitué d'une casemate avec canon, protégée par plusieurs nids de mitrailleuses, reliés entre eux par des tranchées qui menaient aussi aux abris souterrains où vivaient les Allemands.

German trenches and concertina, just above the pillbow WN 65. Each german strong point consisted of a pillbox with gun, protected by several machinegun emplacements, connected together by communication trenches, also leading to the underground shelters where the Germans were living.

Deutsche Schützengräben und Stacheldrahtnetze genau oberhalb des Bunkers WN 65. Jeder deutsche Stützpunkt bestand aus einem Bunker mit Kanone, der durch mehrere Maschinengewehrstützpunkte geschützt war, die untereinander durch Schützengräben verbunden waren, die auch zu den Luftschutzkellern führten, in denen die Deutschen lebten.

11 JUIN 1944

Casemate du point fort Allemand WN 65. Impact d'un obus de marine sur le bord supérieur. Trois obus ont pénétré directement dans l'embrasure. Les hommes du Signal Corps américain ont établi les lignes téléphoniques avec les observateurs de premières lignes.

Pillbox of german strong point WN 65. Naval shell hit on the top. Three other shells penetrated directly through the embrasure, silencing the gun. The men of signal corps have installed the telephone lines with the observers on front lines.

Bunker des deutschen Stützpunkts WN 65. Am oberen Rand Einschlag einer Granate der Marine. Drei andere Granaten drangen direkt in die Schießscharte ein und brachten so das Geschütz zum Schweigen. Die Männer des Funkerkorps haben die Telefonverbindungen mit den Spähtrupps an der Front hergestellt.

11 JUIN 1944

Arrière de la casemate du point fort WN 62. Les hommes du Signal Corps ont installé provisoirement un central téléphonique sous une bâche. Un homme établit les communications sur le standard alors qu'un autre effectue les connections sur une réglette.

Rear side of strong point 65 pillbox. Men of signal corps have installed temporarily a telephone switchboard under a tarpaulin. One man establishes communications and another is connecting wires on a panel.

Rückseite des Bunkers des Stützpunktes WN 62. Die Männer des Funkerkorps haben provisorisch unter einer Plane eine Telefonzentrale errichtet. Ein Mann stellt die Verbindungen her, und ein anderer verknüpft die Drähte auf dem Schaltbrett.

Central de téléphone installé par le Signal Corps U.S. à l'arrière de la casemate de la sortie de plage E-1, Le Ruquet, Omaha Beach.

Telephone switchboard installed by US Signal Corps at the rear of a pillbox, Beach Exit E-1, Le Ruquet, Omaha Beach.

Vom US-Signalkorps hinter einem Bunker am Strandausgang E-1, Le Ruquet, Omaha Beach, eingerichtete Telefonzentrale.

7 JUIN 1944

Sortie de plage E-1, Le Ruquet, sur le secteur Easy Red. Photo prise du haut du plateau. A gauche, le bas de la vallée est protégé par un fossé anti-char, rapidement comblé par les bulldozers du génie. Sur la route à droite, un camion grimpe vers l'intérieur.

Beach Exit E-1 on Easy Red sector. Photo taken from the top of the bluffs. On the left the valley is defended by an anti-tank ditch, rapidly filled up by the engineer bulldozers. On the road to the right, a truck climbs inland.

Strandausgang E-2, Le Ruquet, im Abschnitt Easy Red. Das Photo wurde oben von der Felsküste aus aufgenommen. Links wird das Tal von einem Panzerabwehrgraben geschützt, der von den Planierraupen der Pioniere schnell aufgefüllt wird. Rechts auf der Straße bewegt sich ein Lastwagen ins Landesinnere.

Photo US Signal Corps

9 JUIN 1944

Sortie de plage E-1, Le Ruquet, sur le secteur Easy Red. En bas à droite, une partie du fossé anti-char n'a pas encore été comblée. Juste au-dessus, une longue file d'hommes s'avance vers les camions qui vont les emmener vers l'intérieur.

Beach Exit E-1, on Easy Red sector. Bottom right, a part of the anti-tank ditch has not yet been filled up. Just above, a long line of men proceed toward the trucks which will take them inland.

Strandausgang E-1, Le Ruquet, im Abschnitt Easy Red. Rechts unten wurde ein Teil des Panzerabwehrgrabens noch nicht zugeschüttet. Genau oberhalb bewegt sich eine lange Schlange Soldaten auf die Lastwagen zu, die sie ins Landesinnere bringen werden.

8 JUIN 1944

Éléments de la 2e division d'infanterie débarquant sur la sortie E-1 (Le Ruquet). Des routes apparaissent comme par magie alors que de longues files d'hommes et de matériel sont déchargées sur le secteur Easy Red. La situation sur la plage étant maintenant bien contrôlée, arrive un flot incessant d'hommes et d'approvisionnements pour renforcer les unités au combat.

Elements of the 2nd infantry Division land on Exit E-1. Roadways appear as if by magic as long lines of men and material stream ahore on Easy Red sector. With the beach situation well under control, there is an unceasing flow of troops and supplies to reinforce the units in combat.

Teile der 2. Infanteriedivision landen am Ausgang E-1 (Le Ruquet). Wie durch ein Wunder kommen Straßen zum Vorschein, während lange Schlangen von Menschen und Material im Abschnitt Easy Red an Land strömen. Nachdem die Situation am Strand jetzt unter Kontrolle ist, kommt eine Flut von Menschen und Versorgungsgütern, um die Kampftruppen zu verstärken.

10 JUIN 1944

Secteur Easy Red. Photo prise du haut des pentes : la sortie de plage E-1 se trouve à droite. Deux Jeeps et une voiture de commandement (Command Car). Cette voiture pèse environ deux tonnes et est équipée d'un poste radio émetteur-récepteur à longue portée. A l'arrière-plan, les 24 bateaux coulés formant le brise-lames du port artificiel « Mulberry A ».

Easy Red Sector. Photo taken from the top of the bluffs : Beach Exit E-1 is on the right. Two Jeeps and a Command Car. This vehicle weights approxomately 2 tons and is equiped with a long range transceiver radio. In the background, the 24 sunk ships forming the wave-breaker of the « Mulberry A » artificial port.

Abschnitt Easy Red. Das Photo wurde oben von der Felsküste aus aufgenommen : der Strandausgang E-1 liegt rechts. Zwei Jeeps und ein Kommandofahrzeug. Dieses Fahrzeug wiegt schätzungsweise zwei Tonnen und ist mit einer Funksprechanlage ausgerüstet. Im Hintergrund die 24 versenkten Schiffe, die den Wellenbrecher des künstlichen Hafens « Mulberry A » bilden.

Photo US National Archives

9 JUIN 1944

Sortie de plage E-1, Le Ruquet, sur le secteur Easy Red. Photo prise du haut du plateau. Un maître de plage indique par radio aux péniches l'endroit où elles doivent aborder. A l'arrière-plan, la rangée des 24 vieux bateaux coulés pour former le brise-lames du port artificiel « Mulberry A ».

Beach Exit E-1, on Easy Red Sector. Photo taken from the top of the bluffs. A beach master indicates by radio to the landing crafts where they can beach. In the back ground, the 24 old ships sunk purposedly to form the artificial port « Mulberry A ».

Strandausgang E-1, Le Ruquet, im Abschnitt Easy Red. Das Photo wurde oben von der Felsküste aus aufgenommen. Ein « Strandvorsteher » gibt per Funk den Landungsbooten an, wo sie landen können. Im Hintergrund die 24 alten Schiffe, die absichtlich versenkt wurden, um den künstlichen Hafen « Mulberry A » zu bilden.

7 JUIN 1944

Prisonniers allemands emmenant un des leurs, blessé, sur une civière. Ce blessé semble très jeune.

German prisoners carrying one of their wounded on a stretcher : he looks very young.

Deutsche Gefangene tragen einen ihrer Verwundeten auf einer Bahre : er sieht sehr jung aus.

Photo US National Archives

7 JUIN 1944

Prisonniers allemands emmenant leurs blessés vers les bateaux qui les transporteront en Angleterre. Sortie de plage E-1, Le Ruquet, secteur Easy Red.

Beach Exit E-1 on Easy Red sector. German prisoners taking their wounded to the ships going back to England.

Deutsche Gefangene bringen ihre Verwundeten zu den Schiffen, die nach England zurückkehren werden. Strandausgang E-1, Le Ruquet, Abschnitt Easy Red.

Photo US National Archives

7 JUIN 1944

Sortie de plage E-1, Le Ruquet, secteur Easy Red. Prisonniers et blessés allemands. Au premier plan, à droite, un infirmier et un peu en arrière, deux hommes de la police militaire : lettres blanches « MP » sur le casque.

Beach Exit E-1, Easy Red sector. German wounded and prisoners. On the right, an American Medic and behind, two Military Police men (Letters MP on the helmet).

Strandausgang E-1, Le Ruquet, Abschnitt Easy Red. Deutsche Gefangene und Verwundete. Im Vordergrund rechts ein amerikanischer Sanitäter und dahinter zwei Männer der Militärpolizei (Weiße Buchstaben MP auf dem Helm).

7 JUIN 1944

Sortie de plage E-1, Le Ruquet, secteur Easy Red. Prisonniers et blessés allemands, partant vers les bateaux qui les emmèneront en Angleterre. On peut noter la jeunesse des deux premiers.

Beach Exit E-1, Easy Red sector. German prisoners and wounded, walking toward the ships which will take them to England. Note the youth of the two first ones.

Strandausgang E-1, Le Ruquet, Abschnitt Easy Red. Deutsche Gefangene und Verwundete auf dem Weg zu den Schiffen, die sie nach England bringen werden. Man bemerke das jugendliche Alter der beiden ersten.

98

10 JUIN 1944

Des prisonniers allemands transportent leurs blessés vers les canots à moteur qui les emmèneront vers les transports de troupes ancrés au large.

German prisoners carry their wounded to the motor boats which will take them to the troop transports, anchored off shore.

Deutsche Gefangene tragen ihre Verwundeten zu den Motorbooten, die sie zu den vor der Küste vor Anker liegenden Truppentransportern bringen werden.

Photo Sea Bees

Deux soldats américains surveillent des prisonniers allemands nettoyant la plage.

American infantry men supervise German prisoners cleaning up the beach.

Zwei amerikanische Soldaten überwachen deutsche Gefangene, die den Strand säubern.

Photo US Signal Corps

15 JUIN 1944

Un afflux constant d'approvisionnements alliés sont débarqués de nombreux cargos sur Omaha Beach. Au premier plan la sortie de plage F-1, limite des secteurs Easy Red et Fox Green.

A constant flow of allied supplies are unloaded from many cargo ships on Omaha Beach. On foreground, beach Exit F-1, limit of Easy Red and Fox Green sectors.

Ständig werden Versongungsgüter der Allierten von zahlreichen Frachtschiffen bei Omaha Beach abgeladen. Im Vordergrund der Strandausgang F-1, der die Grenze zwischen den Abschnitten Easy Red und Fox Green bildet.

Omaha Beach, Saint-Laurent-sur-Mer, Les Moulins, sortie de plage D-3. Des camions GMC attendent les cargaisons des péniches pour les transporter vers les premières lignes. A l'arrière-plan ; la rangée des 24 vieux bateaux coulés délibérément pour former le brise-lames du port artificiel Mulberry A.

Omaha Beach, Saint-Laurent-sur-Mer, Les Moulins, Beach Exit D-3. GMC trucks are waiting for the beaching of the landing crafts to transport supplies to the front lines. In the background, the row of the 24 blockships sunken on purpose to make the Mulberry A artificial port wave-breaker.

Omaha Beach, Saint-Laurent-sur-Mer, « Les Moulins », Strandausfahrt D-3. Diese Lastwagen GMC erwarten die Ladungen der Landungsboote, um sie zu der Kampffront zu transportieren. Im Hintergrund : die Reihe von 24 alten Schiffen, welche wissentlich in den Grund gebohrt wurden, um einen Wellenbrecher für den Kunsthafen « Mulberry A » zu bilden.

Des hommes du génie transportent un blessé sur une civière. A droite, le poste de commandement du secteur Charlie et sortie de plage D-1. Vierville-sur-Mer.

Engineers carry a wounded man on a stretcher. Right, CP of Sector Charlie and Beach Exit D-1. Vierville-sur-Mer.

Die Männer des Geniewesens tragen einen Verwundeten auf einer Bahre. Rechts, die Befehlstelle vom Abschnitt « Charlie » und die Strandausfahrt D-1. Vierville-sur-Mer.

103

Une des rares photos de Vierville-sur-Mer, sortie de plage D-1, secteur Charlie. Le génie américain a dû faire sauter aux explosifs le mur construit par les Allemands pour permettre aux troupes et aux chars d'avancer vers l'intérieur. 6 juin, après-midi.

One of the few photos of Vierville-sur-Mer, Beach Exit D-1, Sector Charlie. The U.S. engineers had to blow up with explosives the wall built by the Germans to allow the progression of the troups and the tanks inland. Afternoon of June 6.

Eine der seltenen Aufnahmen von Vierville-sur-Mer, Strandausfahrt D-1, Abschnitt Charlie. Das amerikanische Geniewesen mußte die deutsche Abwehrmauer sprengen, damit die Truppen und die Panzer ins Land fortschreiten konnten. 6. Juni, nachmittags.

Sortie de plage D-1. A droite, les ruines de l'hôtel Casino, détruit et brûlé par les obus des destroyers à 10 h 30 le matin du 6 juin 1944. Au centre, fortifications et casemates construites par les Allemands sur les fondations d'un hôtel réquisitionné et démoli le 4 février 1942. Le canon de 88 mm est encore actuellement dans l'une des casemates.

Beach Exit D-1. Right, what is left of hôtel Casino destroyed and burnt by destroyers fire at 10:30 hrs June 6, 1944. Center, fortifications and pillboxes built by the Germans on the foundations of a hotel, requisitioned and blown up, February 4, 1942. The 88 mm gun is still presently in one of the pillboxes.

Strandausfahrt D-1. Rechts, die Trümmer vom Hotel Casino, das am 6. Juni 1944 um 10 Uhr 30 vormittags durch das Geschoß der Zerstörer niedergerissen und verbrannt wurde. In der Mitte : diese Befestigungen und Kasematten wurden von den Deutschen auf den Unterlagen eines in Beschlag genommenen und am 4. Februar 1942 abgerissenen Hotels gebaut. Die 88 mm — Kanone liegt heute noch in einem der Bunker.

105

Omaha Beach. Vierville-sur-Mer. Sortie de plage D-1 : Le génie US vient de construire une nouvelle route et les démineurs sont à l'œuvre. En mer, mise en place des plates-formes flottantes « Loebnitz ». A droite, la carrière où le général Norman D. Cota établit son premier Q.G. dans la matinée du 6 juin 1944.

Vierville-sur-Mer. Omaha Beach : Beach Exit D-1. US Engineers have just constructed a new road and the E.O.D. men are demining the road shoulders. At sea, « Loebnitz » platforms are towed to the right place. Right, the quarry where General Normal D. Cota established his first HQ in the morning of D-Day.

Omaha Beach. Vierville-sur-Mer. Strandausfahrt D-1 : das U.S. Geniewesen hat eben eine neue Straße gebaut und die Männer des Entminungdienstes sind schon am Werk. Auf dem Meer : Aufstellung der schwimmenden Bettung « Loebnitz ». Rechts : der Steinbruch, wo General Norman D. Cota sein erstes Hauptquartier am 6. Juni 1944 morgens aufgeschlagen hat.

CHAPITRE V
MULBERRY A

9 JUIN 1944

Ponton métallique flottant appelé « Rhino-Ferry ». Propulsés par des moteurs hors-bord, ces pontons transportaient des engins lourds, tels que grues ou bulldozers. Ils arrivaient à marée haute, échouaient une extrémité sur le rivage et d'autres éléments s'accrochaient à l'autre formant un pont flottant.

Floating metal pontoon, « Rhino-Ferry ». Propelled by powerful outboard motors, they transported heavy equipment, such as cranes or bulldozers. They were coming in at high tide, dry-docked one end to shore and other elements were tied up to the other end, forming a floating pier.

Schwimmende Mettalbrückenschiffe, « Rhino-Ferry » genannt. Von Außenbootmotoren angetrieben, transportieren diese Brückenboote schwere Maschinen, wie Kräne oder Planierraupen. Sie kamen bei Flut an und andere Teile wurden an das andere Ende angehängt, um eine schwimmende Brücke zu bilden.

9 JUIN 1944

Même ponton métallique, « Rhino-Ferry », à marée basse : l'extrémité flotte en eau libre, permettant le déchargement des petites péniches. On se rend compte de la hauteur des bancs de sable sur lesquels se sont échouées les premières péniches.

Same metallic pontoon, « Rhino-Ferry », at low tide : one end is floating in open water, allowing the unloading of the landing crafts without dry-docking on the sand, thus saving time. Note the height of the sand bars on which the landing crafts of the first wave grounded.

Dasselbe Metallbrückenschiff « Rhino-Ferry » bei Ebbe : ein Ende schwimmt in der offenen See und ermöglicht so das Entladen der Landungsboote, ohne, daß sie stranden müssen, was einen Zeitgewinn bedeutet. Man beachte die Höhe der Sandbänke, auf denen die Landungsboote gestrandet sind.

9 JUIN 1944

Un deuxième ponton a été accolé au premier, permettant le déchargement simultané de plusieurs péniches. A gauche, une péniche LCI pour l'infanterie, à droite, une péniche LCT pour les chars, s'approche pour accoster.

A second metallic pontoon has been set side by side with the first one, allowing the simultaneous unloading of several landing crafts. Left, an LCI, for the infantry, right, an LCT, for the tanks, come in for mooring alongside.

Ein zweites Brückenschiff wurde dem ersten hinzugefügt, um das gleichzeitige Entladen der Landungsboote zu ermöglichen. Links kommt ein Landungsboot vom Typ LCI für Infanterie, rechts ein Landungsboot vom Typ LCT für Panzer, um anzulegen.

Un ponton métallique « Rhino-Ferry » vient d'accoster, amarré à deux puissants buldozers et une Jeep en débarque.

A « Rhino-Ferry » metallic pontoon just come alongside is tied up at two powerful bulldozers and a Jeep crawls to shore.

Eben hat ein Brückenschiff « Rhino-Ferry » angelegt, das an zwei mächtigen Planierraupen festgebunden ist ; ein Jeep, der darauf geladen war, landet.

6 JUIN 1944

Une Jeep, équipée pour rouler dans 60 cm d'eau, débarque d'une péniche et roule vers le rivage. Une autre sur la péniche s'apprête à la suivre.

A Jeep with fording equipment proceeds slowly in the surf from the landing craft to shore. On the landing craft another one is ready to follow.

Ein Jeep, der in 60 cm hohem Wasser fahren kann, verläßt das Landungsboot und rollt langsam in der Brandung auf das Ufer zu. Auf dem Landungsboot ist ein anderer bereit, ihm zu folgen.

Photo US National Archives

La péniche 525 (LCT) accoste à l'extrémité d'un ponton métallique « Rhino-Ferry ».

LCT 525 moors at the end of a « Rhino-Ferry » metallic pontoon.

Das Landungsboot 525 vom Typ LCT legt am äußersten Ende eines Brückenschiffes « Rhino-Ferry » an.

Le déchargement de la péniche 525 commence : un camion GMC débarque.

The unloading of LCT 525 begins : a G.M.C. truck lands.

Das Abladen des Landungsbootes 525 beginnt : Ein G.M.C.-Lastwagen fährt an Land.

115

Photo US National Archives

Le déchargement de la péniche 525 continue : une auto-chenille (Halftrack) s'apprête à débarquer sur le ponton.

Unloading of LCT 525 keeps on : an Halftrack on its way out.

Das Abladen des Landungsbootes 525 geht weiter : Ein Auto mit Raupenketten (Half-track) ist bereit, über die Pontonbrücke an Land zu fahrem.

116

Photo US National Archives

9 JUIN 1944

« Bombardons » ou brise-lames flottants, ancrés au fond de la mer. Éléments métalliques pouvant être reliés les uns aux autres, de section en croix. Ils n'ont pas résisté à la tempête du 19 juin qui les a jetés à la côte et ils n'ont pas été remis en place.

« Bombardons » or floating wave-breakers, anchored on the bottom. Metal elements which could be connected one to the other, cross section. They did not hold out against the storm of 19 June and were washed ashore and not re-utilized.

« Bombardons » oder schwimmende Wellenbrecher, die auf dem Meeresgrund verankert sind. Metallteile, die kreuzförmig miteinander verbunden werden konnten. Sie haben dem Sturm an 19. Juni nicht standgehalten und wurden an die Küste gespült und nicht wieder benutzt.

Photo US National Archives

7 JUIN 1944

Un puissant remorqueur tire à travers la Manche un ponton en béton armé « Phœnix » :
Les plus gros avaient 70 mètres de long, 15 de large et 20 de haut. Une fois en place,
l'équipage ouvrait des vannes, l'eau pénétrait à l'intérieur, le ponton coulait lentement et
le fond venait reposer au fond de la mer. A marée haute, le sommet émergeait de
3 mètres et un poste pour l'équipage était aménagé sous la plate-forme du canon anti-
aérien.

A powerful tug pulls across the Channel a reinforced concrete pontoon « Phœnix »
the largest were 70 yards long, 15 wide and 20 high. Once in place, the crew opened
large gate valves, water rushed inside, the pontoon sunk slowly and the bottom res-
ted on the sand. At high tide, the top was 3 yards above sea level and the crew's
quarters were below the platform of the anti-aircraft gun.

Ein starker Schlepper zieht ein Brückenschiff Phoenix aus Eisenbeton quer durch den
Ärmelkanal. Die größten waren 70 Meter lang, 15 Meter breit und 20 Meter hoch.
Sobald es vor Ort war, öffnete die Besatzung große Klappen, das Wasser drang ins
Innere ein ; das Brückenschiff sank langsam und der Boden blieb auf dem Meeres-
grund. Bei Flut ragte die Spitze 3 Meter aus dem Wasser heraus, und ein Posten für
die Besatzung war unter der Plattform der Luftabwehrkanone eingerichtet.

Photo US National Archives

9 JUIN 1944

Port artificiel « Mulberry A », formé de 24 bateaux coulés constituant un brise-lames. Ici, le 577 est le *George W. Childs*

« Mulberry A », artificial port made of 24 sunk ships, constituting a wave-breaker. Here, the 577 is the *George W. Childs*.

Der künstliche Hafen « Mulberry A », der aus 24 versenkten Schiffen gebildet wurde, die einen Wellenbrecher darstellten. Die Nr. 577 hier ist die *George W. Childs*.

Photo US National Archives

9 JUIN 1944

La rangée des 24 vieux bâtiments coulés pour former le brise-lames du port artificiel
« Mulberry A », Omaha Beach.
D'ouest en est, on trouvait :
*Centurion, 637 Courageous, 370 Baialide, 559 James Iredial, 456 Dalveston, 453 Wilcox,
465 Potter, 577 George W. Childs, 578 Arthemus Ward, 552 James W. Marshall (LST).
555 Audacious, 562 West Gramma, 267 Flight Commander, 262 Olombala, Kentuckian,
382 Alcoa Leader, 383 Kofresi, 381 Robin Gray, Lena Luckinbach, 440 Stanwell, 486 West
Nilus, 484 Exford, 483 Illinoian, 439 Mayerest.*

The row of the 24 old ships sunk to constitute the wave breaker of the artificial
port « Mulberry A » at Omaha Beach.

Die Reihe der 24 alten Schiffe, die versenkt wurden, um den Wellenbrecher des künstlichen Hafens « Mulberry A » bei Omaha Beach zu bilden.

10 JUIN 1944

Photo aérienne du port artificiel « Mulberry A », formé de 24 bateaux coulés, dont 13 Liberty Ships et le vieux *Centurion* Anglais, le dernier en haut. A gauche, en haut, la sortie de plage Exit D-3, à Saint-Laurent-sur-Mer. On remarque l'intensité du trafic maritime.

Aerial of the artificial port, « Mulberry A », made of 24 old sunk ships, including 13 LSTs and the old British « Centurion », last one on top. Up left, beach Exit D-3, at Saint-Laurent-sur-Mer. Note the importance of the naval traffic.

Luftaufnahme des künstlichen Hafens « Mulberry A », der aus 24 alten, versenkten Schiffen gebildet wurde, darunter 13 Landungsschiffe vom Typ LST und die alte englische « Centurion », die letzte oben. Links oben Strandausgang D-3 in Saint-Laurent-sur-Mer. Man bemerke die Dichte des Schiffsverkehrs.

10 JUIN 1944

Photo aérienne des deux jetées flottantes reliant les plates-formes « Loebnitz » au rivage. Secteur Dog White, Vierville-sur-Mer. A droite un remorqueur tire un ponton en béton « Phoenix » pour le mettre en place perpendiculairement au rivage devant la sortie de plage D-1, secteur Dog Green.

Aerial of the two floating piers linking the « Loebnitz » platforms to the shore, Dog White sector, Vierville-sur-Mer. Right, a tug is pulling a « Phoenix » pontoon to place it perpendicularly to the shore in front of beach Exit D-1, Dog White sector.

Luftaufnahme der beiden schwimmenden Molen, die die Plattformen « Loebnitz » mit dem Ufer verbinden. Abschnitt Dog White, Vierville-sur-Mer. Rechts zieht ein Schlepper ein Betonbrückenschiff « Phönix », um es vor dem Strandausgang D-1, Abschnitt Dog Green in einem 90° Winkel zur Küste in Stellung zu bringen.

9 JUIN 1944

Photo prise du haut de la plate-forme « Loebnitz », secteur Dog Green à Vierville-sur-Mer.
Une voiture de reconnaissance « Scout Car », s'apprête à emprunter la jetée flottante. Un
tronçon d'une seconde jetée est remorqué pour venir s'amarrer à la partie déjà en place,
à droite.

Photo taken from the top of a « Loebnitz » platform, on Dog Green sector,
Vierville-sur-Mer. A « Scout Car » proceeds toward shore. Part of a second floating
pier is tugged and will be fastened to the part already in place.

Das Photo wurde aus der Höhe Plattform « Loebnitz » im Abschnitt Dog Green in
Vierville-sur-Mer aufgenommen. Ein Aufklärungsfahrzeug « Scout Car » bewegt sich
auf die Küste zu. Ein Teil einer zweiten Mole wird angeschleppt und dann an dem
schon vorhandenen Teil befestigt.

9 JUIN 1944

Une des deux jetées flottantes reliant les plates-formes « Loebnitz » au rivage est déjà opérationnelle. Un camion GMC et une chenillette « belette » l'empruntent pour se rendre à terre. Un élément de la deuxième est tiré par des remorqueurs et va être relié à la partie déjà en place. Limite de charge 25 tonnes.

One of the two floating piers extending from the « Loebnitz » platform to shore is already operational. A GMC truck and a « Weasel » tracked vehicle are heading to shore. An element of the second pier is towed by tugs and will be tied up to the part already in place. Load limit 25 Ton.

Eine der beiden schwimmenden Molen, die die Plattform « Loebnitz » mit dem Ufer verbindet, ist schon einsatzfähig. Ein Lastwagen vom Typ GMC und ein kleines Raupenfahrzeug « Wiesel » gelangen drüben an Land. Ein Teil der zweiten Mole wird von Schleppern gezogen und dann an das schon vorhandenen Teil gehängt. Ladegrenze : 25 Tonne.

9 JUIN 1944

Photo prise par le même photographe que la précédente. Ici, un « canard » (duck) roule vers le rivage.

Photo taken by the same photographer as the preceding one. Here, a « duck », amphibious truck rolls toward shore.

Das Photo wurde von demselben Photographen des vorigen Bildes aufgenommen. Hier rollt eine « Ente », ein Amphibienfahrzeug, auf die Küste zu.

9 JUNE 1944

Une des rares photos de Vierville-sur-Mer, secteur Charlie, le plus à l'ouest. Cette maison et l'hôtel du Casino voisin, occupés par les Allemands, ont été démolis par les tirs des destroyers, vers 10 h 30 le matin du 6 juin. La première jetée n'est pas encore terminée : il y manque la plate-forme, mais la seconde est opérationnelle.

One of the few photos taken at Vierville-sur-Mer, Charlie sector, Western part of Omaha Beach. This house and hotel Casino next to it, occupied by the Germans, were demolished by the destroyers fires at 10:30 on June 6. The first pier is not completed : the Loebnitz platform is missing, but the second one is operational.

Eines der wenigen Photos von Vierville-sur-Mer, Abschnitt Charlie, Westteil von Omaha Beach. Dieses Haus und das Casino-Hotel nebenan, die von den Deutschen besetzt waren, wurden am Morgen des 6. Juni um 10 Uhr 30 durch das Feuer der Zerstörer niedergemacht. Die erste Mole ist noch nicht fertig : die Plattform Loebnitz fehlt, aber die zweite ist einsatzfähig.

Vue de la seconde plate-forme flottante « Loebnitz », mise en place devant Vierville-sur-Mer. A l'arrière-plan, les énormes pontons en béton « Phoenix » servant de brise-lames. 9 juin 1944.

View of the second « Loebnitz » floating platform, in front of Vierville-sur-Mer. In the background, the huge concrete pontoons, « Phoenix », installed as wavebreakers. 9 June 1944.

Blick von der zweiten schwimmenden Plattform « Loebnitz » vor Vierville-sur-Mer. Im Hintergrund die riesigen Betonbrückenschiffe « Phönix », die als Wellenbrecher dienten. 9. Juni 1944.

Mise en place des éléments de jetée flottante entre une plate-forme « Loebnitz » et le rivage.

Positioning of a floating roadway element between a « Loebnitz » platform and the shore.

Einbau der Teile der schwimmenden Mole zwischen einer Platform « Loebnitz » und der Küste.

La rangée des 24 vieux bateaux coulés délibérément pour former le brise-lame du port artificiel « Mulberry A » à Omaha Beach.

The line of the 24 old blockships sunken on purpose to constitute the wave-breaker of the « Mulberry A » of the artificial port.

Die Reihe der 24 Schiffe, die absichtlich versenkt wurden, um den Wellenbrecher des künstlichen Hafens « Mulberry A » in Omaha Beach zu bilden.

Pontons en béton « Phoenix » en cours de remorquage pour former le port artificiel « Mulberry A » à Omaha Beach.

« Phoenix » concrete pontoons being towed to constitute the « Mulberry A » artificial port at Omaha Beach.

Betonbrückenschiffe « Phoenix » beim Schleppen, um den künstlichen Hafen « Mulberry A » in Omaha Beach zu bilden.

Un des trois pontons « Phoenix » en béton coulé perpendiculairement au rivage à Vierville-sur-Mer. Plate-forme avec canon de D.C.A.

One of the three concrete « Phoenix » pontoons sunken perpendicularly to shore at Vierville-sur-Mer. Platform with Anti-Aircraft gun.

Eines der drei Betonbrückenschiffe « Phoenix », das im 90° Winkel zur Küste vor Vierville-sur-Mer versenkt wurde. Plattform mit einer Flak.

Le vieux navire anglais *Centurion*, camouflé pour ressembler au navire Amiral américain Ancon sera le plus à l'ouest des 24 bateaux coulés spécialement pour former le brise-lame du port artificiel.

The old British ship *Centurion*, camouflaged to look like the american HQ ship Ancon, will be the western one of the 24 old block-ships sunken principaly to form the artificial harbor wave-breaker.

Das alte englische Schiff *Centurion*, das getarnt wurde, damit es dem amerikanischen Flaggschiff Ancon gleicht, wird das westlichste der 24 Schiffe sein, die absichtlich versenkt wurden, um den Wellenbrecher des künstlichen Hafens zu bilden.

Photo US National Archives

Poussée par un remorqueur, la péniche 543 (Liberty Ship) va accoster à une plate-forme Loebnitz.

Pushed by a tug, LST 543 is going to moore alongside a Loebnitz Platform.

Von einem Schlepper geschoben, wird das Landungsschiff 543 vom Typ LST gleich an der Platform Loebnitz anlegen.

Photo US National Archives

La péniche 543 (LST : Liberty Ship) accoste à une plate-forme Loenbitz pour décharger sa cargaison.

LST 543 moored alongside a Loebnitz platform to unload its cargo.

Das Landungsschiff 543 vom Typ LST legt an einer Platform Loebnitz an, um seine Fracht zu entladen.

Photo US National Archives

9 JUIN 1944

Plate-forme flottante « Loebnitz », formant tête de pont. Un « Liberty Ship » (LST), vient d'accoster et la passerelle permettant le déchargement est en cours d'amarrage.

Floating platform « Loebnitz », constituting the head of the floating pier. A « Liberty Ship » (LST) just came in and the flying bridge is tied up.

Die schwimmende Plattform « Loebnitz », die den Brückenkopf bildet. Ein « Liberty Ship » (Landungsschiff vom Typ LST) hat soeben angelegt und die fliegende Brücke wird festgemacht.

135

9 JUIN 1944

Vue de la mer d'une plate-forme flottante « Loebnitz ». On distingue les deux hauteurs de ponts permettant le déchargement rapide des grosses péniches telles que les Liberty Ships (LST).

View from the sea of a floating pier head « Loebnitz ». One can see the two bridges, one above the other, allowing the rapid unloading of the two bridges of the Liberty Ships (LST).

Blick vom Meer von dem schwimmenden Brückenkopf « Loebnitz » aus. Man kann die beiden Brücken erkennen, eine über der anderen, die das gleichzeitige Entladen der beiden Brücken der Liberty Ships (LST) erlauben.

L'étage d'une plateforme « Loebnitz » pour le déchargement du pont supérieur des péniches LST. Le linge lavé sèche sur le fil...

Bridge of a « Loebnitz » platform to unload the upper deck of LSTs. Washed clothes drying on a line...

Brücke einer Platform der « Loebnitz », die dazu dient, das Oberdeck der Landungsschiffe vom Typ LST zu entladen. Gewaschene Wäsche trocknet auf einer Leine...

10 JUIN 1944

Des soldats américains s'activent à transporter le matériel jusqu'au rivage sur l'extrémité à terre d'une des deux jetées flottantes du port artificiel « Mulberry » et des vastes plate-formes « Gooseberry ». Cette jetée est longue d'un kilomètre.

American soldiers are busy to transport the equipment at the shore end of one of two projects, Mulberry and Gooseberry, vast landing platforms extending 1,000 yards into the channel from Omaha Beach. Sector Dog White.

Amerikanische Soldaten beeilen sich, das Material zum Uferende einer der schwimmenden Molen « Mulberry » und der großen Landungsplattformen « Gooseberry » zu bringen. Diese erstrecken sich einen Kilometer weit von Omaha Beach in den Ärmelkanal. Abschnitt Dog White.

Photo prise du haut d'une plate-forme « Loebnitz », secteur Dog Green, à Vierville-sur-Mer. A gauche, des péniches LCT ont accosté directement sur le rivage. Une grue emprunte la jetée flottante pour se rendre à terre. Au premier plan, des rouleaux de grillage qui serviront à la construction des aérodromes. L'installation de la deuxième jetée à droite, est terminée.

Photo taken from the top of a floating pier « Loebnitz », on Dog Green sector, Vierville-sur-Mer. On the left some LCT grounded directly on the shore. After loading the trucks, a crane will proceed to shore. On foreground, rolls of wiremesh which will be used in the construction of the airfields. Right, the installation of the second pier is completed.

Das Photo wurde oben von einer Plattform « Loebnitz » im Abschnitt Dog Green in Vierville-sur-Mer aufgenommen. Links haben einige Landungsboote vom Typ LCT direkt am Ufer angelegt : Ein Kran macht sich daran, zu landen, nachdem er Lastwagen abgeladen hat. Im Vordergrund die Rollen-Drahtgitter, die beim Bau der Flugplätze benutzt werden. Die Errichtung der zweiten Mole ist rechts abgeschlossen.

Photo US National Archives

Une longue file de camions emprunte la jetée flottante pour se rendre à terre, apportant ravitaillement et munitions aux combattants. A gauche, un ponton métallique « Rhino-Ferry » dont une extrémité est amarrée au rivage, permet aux petites péniches de décharger leur cargaison sans s'échouer sur le sable.

A long line of trucks roll on the floating pier to go ashore, bringing supplies and ammunition to the fighting units. Left, a metallic pontoon, « Rhino-Ferry » one end dry-docked on shore, allows a fast unloading of the small crafts without dry-docking on the sand.

Eine lange Schlange von Lastwagen rollt auf der schwimmenden Mole gen Land, um den kämpfenden Einheiten Verpflegung und Munition zu bringen. Links erlaubt ein Metallbrückenschiff « Rhino-Ferry » ein schnelles Entladen der kleinen Landungsboote, ohne daß diese auf dem Sand aufsetzten.

10 JUNE 1944

Des milliers de bateaux font la navette entre la France et l'Angleterre pour amener les renforts, les munitions et les approvisionnements. Un Marauder B-26, identique à celui en haut à gauche, a pris cette photo. Juste en dessous, la rangée de bateaux coulés, formant le port artificiel « Mulberry A ».

Thousands of ships shuttle between France and England, bringing in reinforcements, ammunition and supplies. A B-26 Marauder, similar to the one on up left corner, took this photo. Just below, the line of sunk ships forming the artificial port « Mulberry A ».

Tausende von Schiffen pendeln zwischen Frankreich und England, um die Verstärkung, die Munition und die Verpflegung zu bringen. Ein Marauder B-26, identisch mit dem oben links, hat diese Aufnahme gemacht. Genau darunter die Reihe der versenkten Schiffe, die den künstlichen Hafen « Mulberry A » bilden.

141

Photo US National Archives

8 JUIN 1944

Une péniche LST ou Liberty Ship, décharge sa cargaison sur des LCA, plus petites, mais plus manœuvrables et plus faciles à remettre à flot. Ces LST feront la navette entre la France et l'Angleterre, sans arrêt, jusqu'au 22 février 1945.

An LST unloads its cargo on smaller LCAs, but easy to handle and refloat. These LST will shuttle between France and England, non stop, until 22 February 1945.

Ein Landungsschiff vom Typ LST entlädt seine Fracht auf Landungsboote vom Typ LCA, die zwar kleiner, aber leichter zu handhaben und wieder flottzumachen sind. Diese LST werden ununterbrochen bis zum 22. Februar 1945 zwischen Frankreich und England pendeln.

9 JUIN 1944

La plage de Vierville-sur-Mer, sur le secteur Dog White. Trois véhicules amphibies ou « canards » (construits par GMC) qui rendent d'innombrables services. A l'arrière-plan, les deux jetées flottantes et les mâtures des 24 navires coulés formant le port artificiel.

The beach at Vierville-sur-Mer, Dog White sector. Three amphibious vehicles, « ducks », which render numerous services. In the background, the two floating piers and the masts of the 24 blockships sunk to form the artificial port.

Der Strand von Vierville-sur-Mer im Abschnitt Dog White. Drei Amphibienfahrzeuge, « Enten », die zahlreiche Dienste erweisen. Im Hintergrund die beiden schwimmenden Molen und die Masten der 24 Schiffe, die versenkt wurden, um den künstlichen Hafen zu bilden.

143

CHAPITRE VI
POINTE DU HOC

Des Douglas A-20 de la 9ᵉ Air Force bombardent la Pointe du Hoc pour la première fois le 15 avril 1944. A la suite d'un autre bombardement fin mai, les 6 pièces de 155 mm françaises furent déplacées à environ 800 mètres au sud, dans un chemin encaissé et bordé de grands arbres.

A-20 Douglas of the 9th Air Force on a mission on Pointe du Hoc for the first time on April 15, 1944. Following another bombardment at the end of May the 6 French 155 mm guns were removed from the Pointe and hidden in a sunken lane bordered with tall trees.

Douglas A-20 der 9. Air Force bombardieren die « Pointe du Hoc » zum ersten Mal am 15. April 1944. Einer anderen Bombadierung wegen, Ende Mai, wurden die sechs französischen 155 mm-Geschütze von ungefähr 800 Meter nach Süden gebracht und in einem mit höheren Bäumen umrahmten Hohlweg versteckt.

Le lieutenant colonel James Earl Rudder mena les hommes des compagnies D, E et F du 2ᵉ bataillon de Rangers à l'assaut des falaises de la Pointe du Hoc.

LTC. James Earl Rudder led the men of D, E and F companies of the 2nd Ranger Battalion for the assault of the Pointe du Hoc cliffs.

Beim Ansturm auf Felsen des Pointe du Hoc führte Oberleutnant die Männer der D, E, und F Kompanie des Zweiten Ranger Batallions an.

La Pointe du Hoc. Photo prise du haut de la falaise de plus de 30 mètres de haut et que les compagnies D, E et F du 2ᵉ bataillon de Rangers ont dû escalader. La péniche LCA 861 de la Cie E débarqua à cet endroit même.

The Pointe du Hoc. Photo taken from the top of the cliffs, over 100 feet high, that Companies D, E and F had to scale. LCA 861 landed right there.

Der « Pointe du Hoc ». Dieses Bild wurde von den Felsenwänden aus aufgenommen. Die D, E und F Kompanien des Zweiten Rangerbataillons mußten diese Felsenwände, die über 30 Meter hoch waren, hochklettern. Das Landungsboot LCA 861 der E-Kompanie landete genau an diesem Ort.

149

Photo US National Archives

7 JUIN 1944

La Pointe du Hoc. Les bombardements aériens et navals ont creusé d'énormes cratères sur la laisse de basse mer, gênant la progression des Rangers. A gauche, deux échelles de corde. Photo de la seule péniche qui apporta ravitaillement et munitions aux Rangers le 7 juin.

Air and naval bombings have dug deep craters on the beach at the foot of the cliffs, impeding the Rangers'progression. On the left, two toggle ropes. Photo of the only landing craft which brought supplies and ammunition to the Rangers on June 7.

La Pointe du Hoc. Bombenangriffe aus der Luft und von See her haben tiefe Krater am Fuße der Felsküste verursacht, wodurch das Vordringen der Rangern beeinträchtigt wurde. Links zwei Strickleitern. Photo des einzigen Landungsbootes, das den Rangern am 7. Juni Versorgungsgüter und Munition brachte.

7 JUIN 1944

La Pointe du Hoc. Les tirs des cuirassés américains *Texas* et *Arkansas* ont fait ébouler une partie de la falaise et cela constitue un tremplin pour les Rangers et leur matériel.

Fire from the battleships *Texas* and *Arkansas* blew up the top of the cliff thus helping the Rangers to take ammunition to the top.

La Pointe du Hoc. Das Feuer der Panzerkreuzer Texas und Arkansas hat einen Teil der Felsküste zum Einsturz gebracht und hilft so den Rangern und ihrem Material.

Photo US National Archives

Gros plan de la photo précédente : on remarque deux cordes lisses, une corde avec échelons et une échelle métallique formée d'éléments de 2,10 mètres, s'emboîtant les uns au bout des autres.

Close-up of preceding photo : note two ropes, a toggle rope and a metal ladder made of 2.10 meters fitting one in the other.

Nahaufnahme des vorigen Bildes : man kann zwei Klettertaue, eine Strickleiter und eine Metalleiter erkennen ; die letzte besteht aus 2,10 m langen ineinander greifenden Stücken.

Photo US Air Force

Photo aérienne de la Pointe du Hoc, prise à 11 heures le matin du 6 juin 1944. 698 tonnes de bombes ont été lâchées dans la nuit du 5 au 6 juin. Avec les bombardements précédents d'avril et mai, il a été dénombré plus de 3 000 cratères de bombes. Et en dépit de tout cela, il y a encore actuellement des abris en béton qui sont restés intacts.

Aerial of Pointe du Hoc, at 11:00 PM June 6, 1944. 698 tons of bombs have been dropped in the night 5-6 June. With the former of April and May, there were more than 3,000 bomb craters on the site. And in spite of all that, there are still presently concrete shelters not damaged.

Luftbild von der « Pointe du Hoc » des 6. Juni 1944 um 11 Uhr morgens. In der Nacht vom 5. auf den 6. Juni wurden 698 Tonnen Bomben abgeworfen. Mit dem vom April und Mai früheren Bombenfall wurden 3 000 Bombenkrater gezählt. Trotzdem gibt es heute noch unbeschädigte Unterstände.

CHAPITRE VII
PLUTO

Opération « Pluto » (Pipe-line Under The Ocean). A partir de pétroliers ancrés à quelques miles du rivage, des pipe-lines reposant au fond de la mer amènent les carburants au rivage.
— A Port-en-Bessin, deux pipe-lines de 6 pouces (15 CM) fournissent l'essence pour les véhicules et les avions, avec station de pompage et stockage au Mont-Cauvin, près d'Etreham, pour les forces américaines et britanniques.
— A Sainte-Honorine-des-Pertes, deux pipe-lines de 6 pouces (15 CM) appelés « tombolas » amènent essence et gasoil pour les véhicules pour l'armée et la marine américaine. Les 4 pipe-lines se rejoignent au Mont-Cauvin.

Operation « Pluto » (Pipe-line Under The Ocean) Minor System. From tankers anchored few miles off shore POL products are delivered through pipe-lines :
— At Port-en-Bessin, two six-inch lines deliver motor vehicles and aviation gasoline with booster pumps to the US tank farm at Mont-Cauvin, near Etreham, for British and American forces.
— At Sainte-Honorine-des-Pertes, two six-inch lines deliver motor vehicle gasoline and diesel fuel for US army and navy use (called « Tombolas »).
The four lines are tied up at Mont-Cauvin.

Operation « Pluto » (Pipeline Under The Ocean). Von Tankschiffen, die einige Meilen von der Küste entfernt ankern, leiten Erdölleitungen Treibstoff zum Ufer.
— In Port-en-Bessin : zwei 6-Zoll (15 cm) lange Erdölleitungen liefern Benzin für die Fahrzeuge und Flugzeuge, mit Pumpstation und Lager bei Mont-Cauvin, nahe bei Etreham, für die amerikanischen und britischen Streitkräfte.
— In Sainte-Honorine-des-Pertes : zwei 6-Zoll lange Erdölleitungen, « tombolas » genannt, liefern Benzin und Gas für die Armeefahrzeuge und die amerikanische Marine. Die vier Erdölleitungen treffen in Mont-Cauvin aufeinander.

Photo US Military History Institute

Port-en-Bessin. Les pipe-lines forment une passerelle au-dessus des parties du port endommagées par les bombardements et les péniches de débarquement. Des supports improvisés soutiennent les pipe-lines au-dessus de ces parties endommagées.

Port-en-Bessin. The pipe-line bridges a section of the mole damaged by bombings and landing crafts. The improvised suspensions support the line over this damaged section.

Port-en-Bessin. Die Erdölleitungen bilden einen Steg über Teilen des Hafens, die durch Bombadierungen beschädigt wurden. Die provisorischen Stützen stärken die Erdölleitungen innerhalb dieser beschädigten Teile.

Pour faciliter l'acheminement de carburant vers le front, le génie américain a installé des pipe-lines depuis Port-en-Bessin jusqu'à 8 km à l'intérieur des terres. Ces pipe-lines ont deux points de départ, l'un du port de Port-en-Bessin, et l'autre à un kilomètre en mer, où l'extrémité des tuyaux supportés par des bouées, sont branchés sur des pétroliers qui ne sont pas obligés d'entrer dans le port. Là, les pipe-lines ont été branchés sur le pétrolier et le carburant s'écoule vers l'intérieur des terres.

To facilitate the flow of gasoline to the front, American engineers laid a pipe-line from Port-en-Bessin, France, approximately five miles inland. The pipe-line has two starting points, one in the harbor of Port-en-Bessin, making connection with ships which come to the mole, and the other 1,000 yards off shore where ends of the line connect with buoys permitting transfer of petroleum without docking ships. Here, the pipe-line has been connected to tanker and petrol flows through to shore.

Um die Beförderung des Brennstoffes zur Front zu erleichtern, haben amerikanische Pioniere Erdölleitungen von Port-en-Bessin 8 Kilometer weit ins Land geleitet. Diese Erdölleitungen haben zwei Ausgangspunkte ; der erste ist der Hafen von Port-en-Bessin, der zweite ist 1 Kilometer von der Küste entfernt. Die Endpunkte der Rohre werden durch Ankerbojen getragen und sind mit Tankschiffen verbunden ; so müssen die Tankschiffe nicht in den Hafen einlaufen. Nach der Verbindung kann der Brennstoff ins Land fließen.

159

Dans le port de Port-en-Bessin. Un petit pétrolier est accosté au quai pour décharger sa cargaison. Là, une vanne mue à la main par des membres de l'équipage est ouverte pour permettre au carburant d'être injecté du pétrolier dans le pipe-line bateau-rivage.

In the harbor of Port-en-Bessin. A small tanker is docked at the warf to unload. Here a hand valve operated by members of the crew is opened to permit the petroleum to flow from the tanker to the ship-to-shore pipe-line.

Im Hafen von Port-en-Bessin : Ein kleines Tankschiff hat zum Entladen am Quai angelegt. Die Mannschaft benutzt einen Handhahn, um den Brennstoff aus dem Tankschiff in die Küstenschiff-Erdölleitung einzuschleusen.

Le génie américain a installé ces deux pipe-lines partant de Port-en-Bessin jusqu'au Mont Cauvin, entre Russy et Etreham où se trouvent les réservoirs de stockage. Ces pipe-lines serpentant le long des routes et à travers champs acheminent l'essence pour les véhicules et les avions.

American engineers have laid these pipe-lines from Port-en-Bessin to Mont Cauvin, between Russy and Etreham where the storage tanks are. Here, these pipe-lines winding their way along roads and across fields supply gasoline for vehicles and aircrafts.

Amerikanische Pioniere haben diese zwei Erdölleitungen, die von Port-en-Bessin bis zum « Mont Cauvin » laufen, installiert. Der « Mont Cauvin » befindet sich zwischen Russy und Etreham ; dort liegen auch die Tanks. Die Erdölleitungen winden sich an den Straßen entlang und befördern Benzin für Fahr-und Flugzeuge.

161

Photo US Army Military History Institute

Les quatre pipe-lines provenant de Port-en-Bessin et Sainte-Honorine-des-Pertes passent près des fermes sur la route d'Escures à Russy, vers les citernes de stockage et station de remplissage de jerricans.

The four pipe-lines coming from Port-en-Bessin and Sainte-Honorine-des-Pertes pass near farmhouses and barne on their path inland to storage tanks, along the road and to pumping stations.

Die vier Erdölleitungen, die aus Port-en-Bessin und Sainte-Honorine-des-Pertes kommen, laufen an den Bauernhöfen entlang, auf der Straße zwischen Escures und Russy, nach den Lagerungtankern und der Tankstelle.

Les quatre pipe-lines dont deux provenant de Port-en-Bessin pour l'essence des véhicules et l'essence des avions, et deux provenant de Sainte-Honorine-des-Pertes pour l'essence des véhicules et le gasoil pour les moteurs diesels, arrivent au Mont Cauvin où sont installées les citernes. Il y a aussi là des pompes de refoulement et une station de puisage pour le remplissage des jerricans. Les forces américaines ont employé des prisonniers allemands pour ce travail. De là, les pipe-lines partaient vers Carentan où ils ont été reliés plus tard au systeme majeur provenant de Cherbourg.

The four pipe-lines, two of which coming from Port-en-Bessin for vehicles and aicrafts gasoline and two from Sainte-Honorine-des-Pertes for vehicles gasoline and fuel oil for diesel engines, arrive at Mont Cauvin where the tanks are installed. There are also booster pumps and a kind of service station for filling Jerricans : the american forces employed german prisonners for this task. From there, the pipe-lines were going toward Carentan where later they were connected to the Pluto major system coming from Cherbourg.

Die vier Erdölleitungen, von denen zwei Fahrzeug-und Flugzeugbenzin aus Port-en-Bessin liefern, und zwei Fahrzeugbenzin und Dieselöl aus Sainte-Honorine-des-Pertes liefern, erreichen den « Mont Cauvin », wo sich die Tanks befinden. Dort gibt es auch Saugpumpen und eine Abfüllpumpe für die Benzinkannen. Die amerikanischen Streitkräfte haben deutsche Kriegsgefangene mit dieser Arbeit beschäftigt. Von hier laufen Erdölleitungen nach Carentan, wo sie mit dem Hauptnetz aus Cherbourgh verbunden sind.

CHAPITRE VIII

AÉRODROMES

AIRFIELDS

FELDFLUGPLÄTZE

Aérodrome A-21 à Saint-Laurent-sur-Mer. Les engins du génie, bulldozers, scrappers, au travail pour aménager la piste. 7 juin 1944.

Airfield A-21 at Saint-Laurent-sur-Mer, Calvados. Engineers heavy equipment, bulldozers, scrappers, cats, at work to construct the runway. 7 June 1944.

Der Flugplatz A-21 in Saint-Laurent-sur-Mer. Die schweren Wagen des Geniewesens, Planierraupen und-bagger, ebnen die Landebahn ein. 7. Juni 1944.

Photo US Smithsonian Institution

Aménagement de l'aérodrome A-21, T-670900 par le TNSPT 834 à Saint-Laurent-sur-Mer, Calvados. Le deuxième construit en France après celui de Pouppeville, Manche, ELS 819, T-433933, il fut opérationnel vers 21 heures le 7 juin 44. Il a été utilisé jusqu'au 25 août 44, principalement par la 806ᵉ escadrille d'evacuation aérienne médicale.

Construction of the A-21 Airfield, T-670900 by the 834 TNSPT at Saint-Laurent-sur-Mer, Calvados. Second strip built in France after that of Pouppeville, Manche, T-433933, ELS 819, it was operational at 21:00 Hrs June 7 (D + 1). It has been utilized until August 24, 1944, mostly by the 806 Medic Air Vac Sq.

Bau des Flugplatzes A-21, T-670900 vom TNSPT 834 in Saint-Laurent-sur-Mer, Calvados, der zweite, der in Frankreich gebaut wurde (der erste war der Flugplatz ELS 819, T-433933 bei Pouppeville, Manche). Er war am 7. Juni 1944 gegen 21 Uhr benutzbar, und wurde bis zum 25. August 44 benutzt ; besonders von der 806. Luftevakuierungstaffel des Sanitätskorps.

La rangée des 24 bateaux coulés formant le brise-lames, et en haut à droite, parallèle au rivage, l'aérodrome A-21, le second construit en France. Sur le côté de la piste, un hôpital de campagne dont faisait partie la 806e escadrille médicale d'évacuation par air.

The line of 24 sunk ships forming the wave-breaker and top right, parallel to shore A-21 airfield (Advanced Landing Ground), the second one to be built in France. On the side of the runway, a Field Hospital, part of which was the 806 Med. Air Vac. Sq.

Die Reihe der 24 versenkten Schiffe, die den Wellenbrecher bilden ; und rechts oben parallel zur Küste der Flugplatz A-21, der zweite, der in Frankreich gebaut wurde. Auf der Seite der Piste ein Feldlazarett, das zur 806. Sanitätsstaffel für die Evakuierung auf dem Luftweg gehörte.

8 JUIN 1944

Photo du deuxième aérodrome américain construit en France à Saint-Laurent sur-Mer. (Le premier fut construit à Pouppeville, près d'Utah Beach.) Celui-ci le A-21, de 1 130 mètres de long sur 33 de large, fut opérationnel le soir même du 7 juin 44. L'un des premiers appareils à s'y poser fut ce chasseur-bombardier P-38 LIGHTNING.

Photo of the second airfield built in France, at Saint-Laurent-sur-Mer. (The first one was at Pouppeville, near Utah Beach.) This one, A-21, was 3400' long and 100' wide, and operational in the evening of 7 June. One of the first aircraft to land here was a fighter-bomber P-38 Lightning.

Photo des zweiten in Frankreich gebauten Flugplatzes in Saint-Laurent-sur-Mer (der erste wurde in Pouppeville, in der Nähe von Utah Beach angelegt). Dieser, der A-21, war 1.130 Meter lang und 33 Meter breit und am Abend des 7. Juni einsatzfähig. Eine der ersten Maschinen, die hier landeten, war ein Jagdbomber P-38 Lightning.

Photo US Army

8 JUIN 1944

Aérodrome A-21, à Saint-Laurent-sur-Mer, partie ouest du secteur Easy Red. Des membres du corps médical chargent des blessés américains à bord d'un Dakota Hôpital C-47. Un hôpital de campagne comprenant la 806ᵉ escadrille médicale d'évacuation aérienne, était installé tout près de l'aérodrome, ce qui facilitait le transport aérien des blessés en Angleterre.

A-21 Airfield, at Saint-Laurent-sur-Mer, Western part of Easy Red sector. Members of a medical service load wounded american soldiers on a C-47 Hospital plane for evacuation to an Army Hospital in England. The 806 Med. Air Vac. Sq. took part of the Field Hospital installed next to the airfield.

Flugplatz A-21 in Saint-Laurent-sur-Mer, im westlichen Teil des Abschnitts Easy Red. Mitglieder des Sanitätskorps bringen verletzte Amerikaner an Bord eines C-47 Krankenflugzeugs, damit sie in ein Armeekrankenhaus in England evakuiert werden. Die 806. Sanitätsstaffel für die Evakuierung auf dem Luftweg war Teil des Feldlazaretts, das neben dem Flugplatz errichtet worden war.

Aérodrome A-21, Saint-Laurent-sur-Mer. Chasseur Anglais Spitfire « Lady Jane Grey II ». A l'arrière plan un Dakota C-47.

Airfield A-21, Saint-Laurent-sur-Mer. British Fighter Spitfire « Lady jane Grey II ». Background, a Dakota C-47.

Feldflugplatz A-21, Saint-Laurent-sur-Mer, englischer Jäger « Spitfire », « Lady Jane Grey II », im Hintergrund eine Dakota C-47.

Jean Tierney était infirmier à l'Hopital de campagne jouxtant l'aérodrome et faisait partie de la 806ᵉ escadrille d'evacuation aérienne médicale.

Jean Tierney was a nurse at the Field Hospital close to the airfield and took part of the 806 th Medic Air Vac Sq.

Jean Tierney, Krankenschwester in der Nache des Flugplatzes, war Angehörige der 806. Flugstaffel, die Verwundete evakuierte.

Photos de l'aérodrome A-21 à Saint-Laurent-sur-Mer, prises par Jean Tierney de la 806ᵉ escadrille d'évacuation aérienne médicale. De gauche à droite :
— Une forteresse volante B-17 posée en urgence suite à des problèmes de moteurs. Les réparations effectuées, elle repartira quelques jours plus tard.
— Un chasseur Spitfire « Lady Jane Grey II » posé en urgence à court d'essence. A l'arrière-plan un Dakota C-47 ; 14 juin 1944.
— Stockage de jerricans d'essence pour les avions. 14 juin 1944.

Photos of Airfield A-21, at Saint-Laurent-sur-Mer, taken by Jean Tierney, 806th Medic Air Vac. Sq. From left to right :

— A Flying Fortress B-17 made an emergency landing due to engine trouble. Repairs made, she will take off few days later.
— A fighter, Spitfire, « Lady Jane Grey II » made an emergency landing, short of gasoline. In background, a Dakota C-47. 14 June 1944.
— Stockage of aviation gasoline jerricans. 14 June 1944.

Bilder vom Flugplatz A-21 in Saint-Laurent-sur-Mer, von Jean Tierney aufgenommen (Ed. Thierney gehörte der 806. Luftevakuierungsstaffel des Sanitätskorps an). Von links nach rechts :
— Eine fliegende Festung B-17, wegen Maschinenschäden abgestellt. Sie wird einige Tage später nach Instandsetzung wieder fliegen.
— 14.Juni 1944. Notgelandetes Spitfire Jagdflugzeug « Lady Jane Grey II ». Hinten : ein Dakota.
— Benzinkannenlagerung für Flugzeuge.

173

Barrage de ballons au-dessus de la Manche.

Barrage balloons over Channel.

Ballonsperre über der Manche.

Aérodrome A-21. Chasseurs-bombardiers Thunderbolt P-47.

Airfield A-21. Fighter-Bombers Thunderbolt P-47.

Feldflugplatz A-21 mit dem Jagdbomber « Thunderbolt » P-47.

Photo Jean Thierney

A droite, un bimoteur Dakota C-47. Au centre un Chasseur Thunderbolt P-47 accidenté à l'atterrissage.

At right, a Dakota C-47. Center, a fighter-bomber Thunderbolt P-47 crashed when landing.

Rechts eine zweimotorige Dakota C-47 ; in der Mitte, ein « Thunderbolt » Jäger P-47 nach mißlungener Landung.

176

Photo Jean Thierney

Aérodrome A-21, Saint-Laurent-sur-Mer. Soldats américains arrimant une bâche sur une remorque. A droite, une ambulance Dodge.

Airfield A-21, Saint-Laurent-sur-Mer. GIs securing tarp on a trailer. Dodge ambulance at right.

Feldflugplatz A-21, Saint-Laurent-sur-Mer, Amerikanische Soldaten spannen eine Plane auf einen Schlepper. Rechts, ein Sanitätsfahrzeug.

Photo Jean Tierney

Un camion amphibie « Canard » apporte des jericans d'essence pour les avions.

An amphibious truck « Ducks » bringing gasoline jerricans.

Ein Amphibienfahrzeug, die « Canard », das Benzinkanister für Flugzeuge liefert.

Photo Jean Tierney

Un bombardier américain B-17 à court d'essence a fait un atterrissage d'urgence sur l'aérodrome A-21. Allégé au maximum, il repartira le lendemain vers l'Angleterre.

An American bomber B-17, running short of gasoline, made an emergency landing on A-21 airfield. Lightened to the maximum, she will fly back to England the next day.

Amerikanischer Bomber B-17, nach einer Notlandung auf dem Feldflugplatz A-21, Restlos entladen fliegt er am nächsten Tage nach England zurück.

12 JUIN 1944

Aérodrome en cours de construction par le 816e battaillon du génie de l'aviation. Il s'agit de l'aérodrome A-22, à cheval sur les communes de Russy et Colleville-sur-Mer dont il porte le nom. Longueur de la piste : 1 250 mètres, largeur : 40 mètres, construite en plaques bitumineuses préfabriquées.

Construction of a landing strip by the 816th engineer battalion Aviation. It is airfield A-22, astride two communities of Russy and Colleville-sur-Mer and referenced as Colleville. Length of the runway 3750', width 120' and made of prefabricated bituminous surfacing.

Bau einer Landebahn durch das 816. Pionierbatallion der Luftwaffe : Es handelt sich um den Flugplatz A-22, der in den Dörfern Russy und Colleville-sur-Mer liegt, dessen Namen er auch trägt. Länge der Bahn : 1 250 Meter, Breite : 40 Meter, hergestellt mit vorgefertigten Asphaltplatten.

Quelque part en France, à Saint-Pierre-du-Mont, aérodrome A-1, un « Republic P-47 Thunderbolt » en cours d'atterrissage sur l'un des premiers aérodromes en Normandie. Cette piste construite sous le feu enemy par des hommes du 834ᵉ bataillon de génie aviation, est maintenant opérationnelle, assurant le ravitaillement en carburant et l'entretien des chasseurs et chasseurs-bombardiers de la 9ᵉ Air Force.

Somewhere in France, at Saint-Pierre-du-Mont, ALG A-1, a Republic P-47 Thunderbolt is shown landing at one of the first American ALGs in Normandy. The landing strip, built under enemy fire by men of the 834th engineer aviation battalion, is now in operation, refueling and servicing fighters and fighter-bombers of the 9th Air Force.

Irgendwo in Frankreich, in Saint-Pierre-du-Mont, Flugplatz A-1. Eine « Republic P-47 Thunderbolt » bei der Landung auf einem der ersten amerikanischen Flugplätzen in der Normandie. Die Landebahn, die unter feindlichem Beschuß von Männern des 834. Pionierbatallions der Luftwaffe gebaut wurde, ist jetzt einsatzfähig und stellt die Versorgung mit Treibstoff und die Wartung der Jagdflieger und Jagdbomber der 9. Air Force sicher.

15 JUIN 1944

Belle vue de l'aérodrome A-1, à Saint-Pierre-du-Mont, construit par le 834ᵉ bataillon du génie de l'aviation ; il fut opérationnel le 13 juin. En haut à gauche, la Pointe du Hoc, en bas au milieu quelques chasseurs-bombardiers P-38 Lightning.

Good aerial of A-1 Airfield, at Saint-Pierre-du-Mont, built by the 834th engineer aviation battalion, operational 13 June. Top left, the Pointe du Hoc and bottom middle, few fighter-bombers P-38 Lightning.

Schöne Luftaufnahme des Flugplatzes A-1 in Saint-Pierre-du-Mont, der vom 834. Pionierbatallion der Luftwaffe gebaut wurde und am 13. Juni einsatzfähig war. Links oben der Pointe du Hoc, in der Mitte unten einige Jagdbomber vom Typ P-38 Lightning.

Quelque part en France. Ceci est le quartier général complet d'un des premiers aérodromes en France. Il consiste en une tour de contrôle mobile en cours de camouflage, en ambulances et camions de secours. Déjà opérationnel et recevant les chasseurs et chasseurs-bombardiers, cet aérodrome fut terminé par le génie de la 9e Air Force moins de 24 heures après le commencement de l'invasion. Le général Quesada dans sa jeep.

This is the entire HQ of the 1st American Landing Strip in France. It consists of a mobile control tower, shown being camouflaged, ambulances and crash trucks. Already in operation servicing american fighters and fighter-bombers, this field was completed by 9th Air Force engineers less than 24 hrs after the invasion began. General Quesada in his jeep.

Irgendwo in Frankreich. Dies ist das vollständige Hauptquartier des ersten amerikanischen Flugplatzes in Frankreich. Es besteht aus einem mobilen Kontrolltrum, der gerade getarnt wird, Krankenwagen und Rettungslastwagen. Dieser Flugplatz, der schon einsatzfähig ist und Jagdflieger und Jagdbomber aufnimmt, wurde durch die Pioniere der 9. Air Force weniger als 24 Stunden nach dem Beginn der Invasion fertiggestellt. General Quesada in seinem Jeep.

Des hommes du 834ᵉ bataillon de génie aviation posent un tapis de grillage métallique au cours de la construction d'un aérodrome. A l'arrière-plan un Dakota DC-3 ou en langage militaire, un C-47. Aérodrome A-1 à Saint-Pierre-du-Mont. Commencé le 9 juin, cet aérodrome fut opérationnel le 13 juin 1944.

Men of the 834th engineer aviation battalion lay wire matting during the construction of an advanced Landing Ground. In the background, a C-47. Construction started on 9 June and ALG A-1 was operational on 13 June 1944.

Männer des 834. Pionierbatallions der Luftwaffe verlegen einen Teppich aus Drahtgeflecht beim Bau eines Flugplatzes. Im Hintergrund eine C-47. Flugplatz A-1 in Saint-Pierre-du-Mont. Mit dem Bau wurde am 9. Juni begonnen, und am 13. Juni 1944 war er einsatzfähig.

Photo US Smithsoniau Institution

Un aérodrome au Molay, France, en cours de construction par les hommes du 834ᵉ bataillon de génie aviation. Bulldozers et nivelleuses au travail. La construction commença le 21 juin et l'aérodrome fut opérationnel le 30 juin 1944 ; aérodrome A-9.

An airfield at le Molay, France, under construction of men of the 834th enginner aviation battalion. Bulldozers and graders in action. Initial construction started on 21 June and airfield was operational on 30 June 1944 : advanced Landing Ground A-9.

Ein Flugplatz in Le Molay, Frankreich, Männer des 834. Pionierbataillons der Luftwaffe beim Bau. Planierraupen und — bagger bei der Arbeit. Der Bau begann am 21. Juni ; der Flugplatz war am 30. Juni 1944 einsatzfähig ; Flugplatz A-9.

185

Construction de hangars « Butler » par des hommes du 834ᵉ bataillon de génie aviation, une dépanneuse « Wrecker » est utilisée pour transporter un moteur d'avion. Aérodrome A-9 au Molay.

Construction of « Butler » hangars by men of the 834th engineer aviation battalion. A wrecker is utilized to transport an aircraft engine. Advanced Landing Ground A-9 at Le Molay, France.

Männer des 834. Pionierbatallions der Luftwaffe beim Bau von « Buttler »-Schuppen. Ein Abschleppwagen wird benutzt, um einen Flugzeugmotor zu transportieren. Flugplatz A-9 in Le Molay, Frankreich.

15 JUIN 1944

Un parking spécial, aménagé sur l'aérodrome A-9, près du Molay, réservé aux généraux à quatre étoiles, est occupé par le Dakota C-47 du général Sir Bernard L. Montgomery.

A special hardstand, or parking place, built on A-9 Airfield, near Le Molay, reserved for four-stars generals, is occupied by gen. Sir Bernard L. Montgomery's plane.

Ein Sonderparkplatz, der auf dem Flugplatz A-9 bei Le Molay eingerichtet wurde und für 4-Sterne-Generäle reserviert war, wird von der Dakota C-47 General Sir Bernhard L. Montgomerys besetzt.

Photo US Signal Corps

15 JUIN 1988

Le général Dwight D. Eisenhower accueille le général de Gaulle à son quartier général, près du Molay, pour une conférence. Les autres personnalités assistant à cette réunion sont Monsieur Anthony Eden, secrétaire d'État britannique aux affaires étrangères, Monsieur James Forrestal, secrétaire d'État à la marine américaine, et le général A.E. Koening, commandant des forces françaises de la Résistance.

General Dwight D. Eisenhower welcomes general de Gaulle at his HQ, near Le Molay, for a conference. Other attending the meeting were : Mr Anthony Eden, british Foreign Secretary ; Mr. James Forrestal, US Naval secretary ; and Lt. general A.E. Koening, commander of the french Resistance forces.

General Dwight D. Eisenhower empfängt General de Gaulle zu einer Besprechung in seinem Hauptquartier bei Le Molay. Die anderen Persönlichkeiten, die an dem Treffen teilnehmen, sind : Anthony Eden, Staatssekretär des britischen Außenministeriums ; James Forrestal, Staatssekretär der amerikanischen Marine und General A.E. Koenig, Befehlshaber der französischen Widerstandskräfte.

Aussitôt après le débarquement, en France, le 6 juin 1944, le génie américain se mit au travail pour construire les pistes d'atterrissage d'urgence pour servir les appareils participant aux opérations.

Immediately after the invasion of France in june 1944, engineers set to work to buil emergency landing strip to service planes participating in the operations.

Gleich nach der Invasion in Frankreich im Juni 1944 gingen Pioniere an die Arbeit, um Notlandebahnen zu bauen, die den Maschinen dienen sollten, die an den Operationen beteiligt waren.

189

Juste à quelques kilomètres à l'arrière du front, en Normandie, le génie aviation de la 9e Air Force construit des pistes d'atterrissage d'urgence avec le « revêtement Messian », utilisé pour la couche de surface. Après que le site choisi ait été passé au bulldozer et aux nivelleuses, le revêtement, un composé comme du papier goudronné, est déroulé par des camions chargés de rouleaux de 60 mètres de long. Un croisement des bandes de 50 % l'une sur l'autre est prévu et le revêtement est cimenté avec un mélange de gasoil et d'essence. Le revêtement est roulé avec des rouleaux à roues Wabble et scellé au ciment par des pulvérisateurs ingénieusement installés sur d'autres camions.

Just a few miles behind the front lines in Normandy, France, 9th Air Force aviation engineers constructed emergency landing strips with « Messian mat » used for surfacing. After the selected site for the air strip is graded and leveled, the mat, a tar-paper-like composition, is laid by trucks loaded with 200-foot rolls. A 50 % overlap is maintained and the matting is cemented with a solution of Diesel oil mixed with gasoline. The mat is rolled with a Wabble Wheel roller and cement sealed by a jet expelled ingeniously by another truck.

Nur einige Kilometer hinter der normannischen Front baut das Flugwesen des 9. Air Force Notlandungsbahnen mit Hilfe des « Messian Belags », der für die Beschichtung der Oberfläche benutzt wird. Nach dem Einebnen der ausgewählten Lage, wird die Beschichtung, eine Art Teerpappe, 60 Meter lang, auf Rollen aufgerollt und auf einen Lastwagen geladen. Die Bänder sind zu 50 % überkreuz und die Beschichtung ist mit einer Diesel-Benzin-Mischung verkittet. Die Beschichtung wird mit « Wabble-Walzen » aufgerollt und mit Hilfe von Zerstäubern, die auf Lastwagen gelagert sind, mit dem Zement vermengt.

Du grillage est posé par des hommes du 833e bataillon de génie aviation pendant la construction d'un aérodrome quelque part en France en juillet 1944.

Wire mesh is laid by men of the 833rd engineer aviation battalion during the construction of an airfield somewhere in France. July 1944.

Drahtgeflecht wird von Männern des 833. Pionierbatallions der Luftwaffe während des Baus eines Flugplatzes im Juli 1944 irgendwo in Frankreich ausgelegt.

CHAPITRE IX

TEMPÊTE

STORM

STURM

Photo Signal Corps

Dégâts après la tempête du 19-21 juin : la plage est jonchée de débris, matériel, caisses à munitions, etc.

Damage after the storm of June 19-21 : the beach is strewn with scraps, broken equipment, ammo boxes, etc.

Schäden nach dem Sturm vom 19.-21. Juni : der Strand ist bedeckt mit Trümmern, zerstörtem Material, Munitionskästen, etc.

Péniches de débarquement LCT, pouvant transporter quatre chars Sherman de 32 tonnes. Trop endommagées par la tempête du 19-21 juin 1944, elles seront vouées au chalumeau des entreprises de récupération et le métal envoyé aux fonderies.

Landing Craft Tank, capacity : four Sherman tanks, 32 tons. Too much damaged during the gale of June 19-21, 1944, they will be later cut off by salvage companies and metal sent to foundries.

Landungsboote vom Typ LCT, die vier 32 Tonnen schwere Sherman Panzer transportieren können. Beim Sturm vom 19.-21. Juni wurden sie so sehr beschädigt, daß sie eingeschmolzen werden mußten ; Metallstücke wurden an Gießereien geliefert.

Péniches (LCA, LCT), pontons métalliques (Rhino-Ferries) endommagés par la tempête du 19-21 juin 1944.

Landing crafts (LCA, LCT) metallic pontoons (Rhino-Ferries) damaged by the storm of 19-21 June 1944.

Landungsboote vom Typ LCA und LCT, Metallbrückenschiffe (Rhino-Ferries), die beim Sturm vom 19.-21. Juni 1944 beschädigt wurden.

La tempête du 19-21 juin a causé des dégâts considérables aux jetées flottantes et aux caissons « Rhino-Ferries ».

The storm of 19-21 June inflicted important damage to the floating piers and « Rhino-Ferries » pontoons.

Der Sturm vom 19.-21. Juni hat den Schwimmpieren und den Brückenbooten « Rhino-Ferry » erheblichen Schaden zugefügt.

La tempête du 19-20 juin a causé davantage de dégâts à la flotte Alliée que les défenses et l'artillerie allemande le Jour-J. Le port artificiel fut rapidement remis en état et le 23 juin, 11 562 tonnes d'approvisionnements et 24 425 hommes débarquèrent à Omaha.

The storm of 19-21 June 1944, caused more damage to the allied navy than the german defenses and artillery on D-Day. However, the artificial port was rapidly repaired and on June 23, 11, 562 tons of supplies and 24,425 men landed at Omaha Beach. Ref : Logistical Support of the Armies, by Ruppenthal, P-416-420.

Der Sturm vom 19.-21. Juni hat der alliierten Flotte mehr Schaden zugefügt als die deutsche Artillerie und Wehr am 6. Juni. Der Kunsthafen wurde schnell wiederhergestellt und am 23. Juni wurden 11 562 Tonnen Proviant und 24 425 Männer an Omaha geladen.

Photo US National Archives

Après la tempête du 19-21 juin 1944, un des pontons métalliques (Rhino-Ferry) est transformé en atelier de réparation : Le matériel et l'équipement rapidement réparés seront remis immédiatement en service.

After the storm of 19-21 June 1944, one of the metallic pontoons (Rhino-Ferry) is transformed into a repair shop : quickly repaired materials and equipment will be re-utilized immediately.

Nach dem Sturm vom 19.-21. Juni 1944 wird eines der Metallbrückenschiffe (Rhino-Ferry) in eine Reparaturwerkstatt umgewandelt : das Material und die Ausrüstung werden schnell wieder repariert und sofort wieder in Gebrauch genommen.

Après la tempête du 19-21 juin 1944, un des pontons métalliques (Rhino-Ferry) est transformé en atelier de réparation pour l'équipement et les bateaux endommagés.

After the storm of 19-21 June 1944, one of the matallic pontoons (Rhino-Ferry) is transformed into a repair shop for damaged equipment and ships.

Nach dem Sturm vom 19.-21. Juni 1944 wird eines der Metallbrückenschiffe (Rhino-Ferry) in eine Reparaturwerkstatt für beschädigte Ausrüstung und Schiffe umgewandelt.

Péniches de débarquement pouvant transporter quatre chars Sherman de 32 tonnes. Trop endommagées par la tempête du 19-21 juin, elles seront vouées au chalumeau des entreprises de récupération et le métal envoyé aux fonderies. Secteur Dog Green.

Landing Craft Tank (LCT), capacity : four Sherman tanks, 32 Tons. Too much damaged during the gale of 19-21 June, they will be later cut off by salvage companies and metal sent to founderies. Dog Green sector.

LCT Landungsboote, die vier Sherman Panzer, 32 Tonnen schwer, transportieren können. Durch den Sturm vom 19.-21. Juni 1944 zu zehr zerstört, werden sie eingeschmolzen und das Metall den Gießreien geliefert. Sektor Dog Green.

CHAPITRE X

LES 48 PHOTOS DE RALPH STRACKE

RALPH STRACKE'S 48 PHOTOGRAPHS

48 PHOTOS VON RALPH STRACKE

Les 48 photos suivantes ont été prises par un soldat américain, Ralph Stracke, d'un bataillon de construction (Sea Bees) du génie amphibie, dans la région de Vierville-sur-Mer, secteur Charlie.

The 48 following pictures were taken by an American soldier, Ralph Stracke, 97th Battalion Construction (Sea Bees) Amphibious Engineer, in the area of Vierville, sector Charlie.

Die folgenden 48 Photos wurden von einem amerikanischen Soldaten, Ralph Stracke, eines Baubatallions (Sea Bees) der amphibischen Pionierabteilung in der Gegend von Vierville-sur-Mer im Sektor Charlie aufgenommen.

213

221

CHAPITRE XI

PHOTOS DIVERSES

VARIOUS PHOTOGRAPHS

VERSCHIEDENE PHOTOS

Photo US Signal Corps

Un des cinq chars rescapés du 741ᵉ bataillon de chars, dans la rue principale de Colleville-sur-Mer. Mis à l'eau trop loin des côtes (4 km) 27 sur 32 de ces chars amphibies ont coulé.

One of the five DD Tanks of the 741 st Tank Battalion, which made it to shore, in the main street of Colleville-sur-Mer. Launched too far from the coast (4000 yards) 27 out of 32 of these amphibious tanks sank.

Einer der fünf geretteten Panzer des 741. Panzerbatallions in der Hauptstraße von Colleville-sur-Mer. 27 von 32 dieser Amphibienpanzer gingen unter, da sie zu weit von der Küste entfernt (4 km) ins Wasser gelassen wurden.

Photo US Signal Corps

Ces trois Américains appartenaient probablement à la compagnie « G » du 16ᵉ régiment de la 1ʳᵉ division d'Infanterie. Le clocher de l'église de Colleville-sur-Mer a été démoli par les tirs des destroyers américains car il servait de poste d'observation à sept Allemands qui donnaient des coordonnées de tir à des batteries Allemandes situées près des hameaux de Houtteville et Surrain.

These three Americans were probably belonging to Company « G » 16th Inf., 1st Division. The church steeple of Colleville-sur-Mer has been demolished by destroyers fire since it was used as observation post by seven Germans giving firing directions to German batteries located near the villages of Houtteville and Surrain.

Diese drei Amerikaner gehören wahrscheinlich der Kompanie « G » des 16. Regiments der 1. Infanterie an. Der Kirchturm von Colleville-sur-Mer wurde von amerikanischen Feuergeschützen zerstört, weil er sieben Deutschen als Aussichtsturm diente , von dem aus Schußbefehle an deutsche Batterien gegeben wurden, die nahe bei den Dörfern Houtteville und Surrain stationiert waren.

Les Américains poursuivent leur progression dans le secteur d'Omaha Beach.

Photo collection Michel Prudhomme

A gauche, la mairie où flotte le drapeau français. A droite un « canard » remonte de la sortie E-3 (Route du VVF actuel). Jeep avec un homme de la Police militaire gardant deux prisonniers blessés allemands.

Left, the Colleville-sur-Mer City Hall with the French Flag. Right, a Dukw coming from Beach Exit E-3 (Present road to VVF). Jeep with a Military police man guarding two German wounded prisoners.

Links das Rathaus mit gehißter französischer Fahne. Rechts fährt eine « Ente » aus dem Ausgang E-3 heraus (heutige Straße zu VVF). Jeep mit einem Militärpolizisten, der zwei verwundete deutsche Gefangene bewacht.

10 JUIN 1944

Le général Omar Bradley, l'amiral Alan G. Kirk et l'amiral John L. Hall inspectent la plage d'Omaha. Ici, sortie de plage E-1, secteur Easy Red.

General Omar Bradley, R. admiral Alan G. Kirk and R. admiral John L. Hall inspect Omaha Beach. Here, beach Exit E-1, Easy Red sector.

General Omar Bradley, Admiral Alan G. Kirk und Admiral John L. Hall, die den Strand von Omaha inspizieren. Hier, Strandausgang E-1, Sektor Easy Red.

12 JUIN 1944

Le général Dwight D. Eisenhower, commandeur suprême des Alliés, forces expéditionnaires Alliées, accompagné par le général George C. Marshall, chef d'état-major de l'armée Américaine et de l'amiral King, à droite, se tiennent debout dans un canard amphibie, alors qu'ils inspectent la plage d'Omaha. Ici, sortie de plage E-1, secteur Easy Red.

General Dwight D. Eisenhower, supreme commander, Allied expeditionary forces, accompanied by General George C. Marshall, chief of Staff, US Army, and Admiral King, stand up in an amphibious « Duck », as they inspect Omaha Beach. Here, beach Exit E-1, Easy Red sector.

General Dwight D. Eisenhower, Oberbefehlshaber der Allierten, alliierte Expeditionsstreitkräfte, von General George C. Marschall, Stabschef der amerikanischen Armee, und Admiral King, rechts, begleitet, in einem Amphibienfahrzeug « Ente » stehend bei einer Inspektion von Omaha Beach. Hier, Strandausgang E-1, Sektor Easy Red.

Photo Signal Corps

25 JUIN 1944

Zone de pénétration du 116ᵉ RI, 29ᵉ division d'infanterie, sur le secteur Dog White, à Vierville-sur-Mer. Cette photo prise le 25 juin, montre les pentes dénudées par les feux d'herbe sèche qui eurent lieu le Jour-J. Un cimetière militaire forme l'arrière-plan d'un service religieux.

Penetration area, 16th Infantry, 29th division, on Dog White, Vierville-sur-Mer. This photograph, taken 25 June 1944, shows the bluff slope denuded by grass fires that occurred on D-Day. A military cemetery gives a background for religious services.

Im Sektor Dog White, in Vierville-sur-Mer, wo das 116. Regiment, 29. Division eindrang. Dieses Photo, das am 25. Juni 1944 aufgenommen wurde, zeigt die kahlen Abhänge, die am Tag X abbrannten. Ein Soldatenfriedhof bildet den Hintergrund für eine religiöse Andacht.

6 JUIN 1944

Un peloton d'hommes de couleur s'apprête à fouiller une ferme à la recherche d'un tireur d'élite ennemi qui retarde leur progression. Cette ferme est la deuxième à droite après le carrefour de la route menant au terrain de camping actuel, en direction de Grandcamp, à Vierville-sur-Mer.

A platoon of Negro troops surrounds a farm house as they prepare to eliminate a german sniper holding up advance. This farm is the second on the right, after the intersection of the road leading to the present camping site, at Vierville-sur-Mer, when going to Grandcamp.

Eine Truppe Schwarzer, die einen Bauernhof durchsucht, um einen feindlichen Eliteschützen zu finden, der ihren Vormarsch verszögert. Dieser Bauernhof ist der zweite rechts nach der Kreuzung auf der Straße, die zum jetzigen Camping-Platz führt, Richtung Grandcamp, in Vierville-sur-Mer.

7 JUIN 1944

Deux officiers américains dans leur PC provisoire consultent leurs cartes. L'un d'eux montre l'endroit où ils se trouvent, juste au sud du château du Vaumicel à Vierville-sur-Mer. Sur la carte, le plus grand cercle entoure la région de Bayeux.

Two american officers in their temporary CP look at their maps. One of them is showing where they are, just South of the Vaumicel chateau, at Vierville-sur-Mer. On the map, the largest circle indicates the area of Bayeux.

Zwei amerikanische Offiziere auf ihrem provisorischen Kommandoposten, ihre Landkarten betrachtend. Der Eine zeigt auf ihren derzeitigen Standort ; südlich des Schlosses von Vaumicel in Vierville-sur-Mer. Der größte Kreis auf der Karte beschreibt die Umgebung von Bayeux.

Photo Signal Corps

10 JUILLET 1944

Vierville-sur-Mer, secteur Charlie, le plus à l'ouest de la plage d'Omaha ; un caisson en béton qui sert actuellement de départ à une petite jetée, des rails de Decauville et un hangar en tôle, préfabriqué et monté très rapidement.

Vierville-sur-Mer, sector Charlie at the Western end of Omaha Beach. A concrete pontoon, railtracks of Decauville for tip-wagons, and a pre-fab building « Quonset ».

Vierville-sur-Mer. Sektor Charlie, am westlichen Ende von Omaha Beach. Ein Betonbrückenschiff, Eisenbahnschienen von Decauville für Güterwagen und ein Schuppen aus vorgefertigtem Material.

Photo Signal Corps

10 JUILLET 1944

Vierville-sur-Mer, secteur Charlie. Au-dessus du panneau blanc, l'embrasure d'une case-mate abritant un canon allemand de 75 mm. La compagnie C du 2ᵉ bataillon de rangers a débarqué là, le matin du 6 juin, perdant la moitié de son effectif.

Vierville-sur-Mer, sector Charlie. Above the white beach sign, a pill box embrasure, sheltering a 75 mm German canon. Company C of the 2nd ranger battalion landed there, losing 50 % of its men, on the morning of June 6.

Vierville-sur-Mer, Sektor Charlie. Über dem weißen Schild die Schießscharte eines Bunkers, in dem eine deutsche 75 mm Kanone untergebracht ist. Die Kompanie C des 2. Rangerbatallions landete hier am Morgen des 6. Juni. Sie verlor die Hälfte ihrer Männer.

234

Photo US Signal Corps

FIN JUIN 1944

Sur ce char Sherman A-4, des « débrouillards » ont soudé des pièces métalliques, provenant des hérissons, et les ont formés en genre de socs pour percer les talus et les haies, permettant ainsi le passage des hommes et des véhicules légers.

On this Sherman tank, some « smart » men welded metal pieces taken on the hedgehogs and shaped them like ploughshare to pierce the embarkments and hedgerows, thus allowing passage for men and light vehicles.

Auf diesen Sherman M-4 Panzer haben einfallsreiche Männer von Stachelwalzen stammende Metallteile zusammengeschweißt und so eine Art Pflug konstruiert, der Böschungen und Hecken abpflügt und so Männern und Fahrzeugen den Durchgang ermöglicht.

Photo du commandant-médecin Margueritte Wanewhy, du corps médical de la 82e division aéroportée. 1er juin 1944.

Portrait of major Margueritte Wanewhy, medical corps, 82nd airborne division. 1st June 1944.

Photo der Major Margueritte Wanewhy, vom Sanitätskorps der 82. Luftlandedivision. 1. Juni 1944.

7 août 1944 : Le lieutenant commander R.D. Anderson du corps medical de l'US Navy, tient dans ses bras « Seabee Paula » dont il a procédé à l'accouchement alors qu'aucun médecin civil n'était disponible ce jour-là à Sainte-Marie-du-Mont.

7 August 1944 : LCDR R.D. Anderson (MC) US Navy, holds « Seabee Paula » which birth he assisted because no civilian doctor could be found at Sainte-Marie-du-Mont, Manche, France.

7. August 1944 : Der Lt Commander R.D. Anderson des Sanitätskorps der amerikanischen Marine trägt auf seinen Armen « Seabee Paula », deren Entbindung er vorgenommen hat, da an diesen Tage kein ziviler Arzt zur Verfügung stand.

Un planeur « Horsa », fabriqué en contreplaqué, a percuté une haie à l'atterrissage dans un champ près de Sainte-Mère-l'Église. Les pertes sont élevées, les dégâts considérables. C'est dans un accident de planeur comme celui-ci qu'a été tué en France le premier officier supérieur Américain, le général Don Pratt. Un monument a été érigé à sa mémoire sur la commune de Hiesville, Manche, entre Carentan et Sainte-Marie-du-Mont.

A « Horsa » glider, made of plywood, crashed into a hedgerow when landing in a small field in the Manche department. Casualties are heavy and damage serious. It is a crash like the one that the first American senior officer, general Don Pratt admitted in France. A monument has been erected to his memory on the community grounds of Hiesville, between Carentan and Sainte-Marie-du-Mont, France.

Ein aus Sperrholz hergestelltes Segelflugzeug ist in einer Hecke in einem Feld bei Sainte-Mère-l'Église abgestürzt. Die Verluste sind schwer und die Sachschäden erheblich. Es ist derselbe Unfall, bei dem der erste amerikanische Oberoffizier, General Don Pratt, in Frankreich umgekommen ist. Es wurde ihm zu Ehren ein Denkmal in der Gemeinde Hiesville, Manche, zwischen Carentan und Sainte-Marie-du-Mont errichtet.

CHAPITRE XII

2e DIVISION BLINDÉE FRANÇAISE

FRENCH 2nd ARMORED DIVISION

2. FRANZÖSISCHE PANZERDIVISION

2 AOÛT 1944

Une auto-chenille débarque d'une péniche (LCT) à Utah Beach. Éléments de la 2ᵉ division blindée du général Leclerc.

Halftrack rolls out of an LCT at Utah Beach. Elements of the french 2nd armored division, commanded by General Leclerc.

Ein Auto mit Raupenketten fährt von einem Landungsboot vom Typ LCT bei Utah Beach an Land. Teile der 2. Panzerdivision unter dem Befehl von General Leclerc.

241

2 AOÛT 1944

Un char « Sherman A-4 » débarque d'une péniche (LST = Liberty Ship) sur Utah Beach.
Éléments de la 2ᵉ DB française du général Leclerc.

**A Sherman Tank rolls out of an LST at Utah Beach. Élements of the 2nd french
armored division commanded by General Leclerc.**

Ein Sherman M-4 Panzer verläßt ein Landungsschiff vom Typ LST und fährt bei
Utah Beach an Land. Teile der 2. französischen Panzerdivision unter dem Befehl von
General Leclerc.

Des Tankists Français de la 2ᵉ D.B. débarquent de la péniche LST 517 à Utah Beach.

French tankers of the 2nd French Armored Division just getting out of LST 517 at Utah Beach.

Franz. Tankwarte der 2. Panzerdivision gehen von Truppen-Transporter LST 517 auf Utah Beach.

Quelque part en France, un fermier se range sur le côté pour laisser passer les chars de la 2e D.B. française.

Somewhere in France, a farmer pulls aside and waves at passing tanks of the 2nd French Armored Division.

Irgendwo in Frankreich : Ein Bauer fährt auf die Seite, um die Panzer der 2.französischen Panzerdivision passieren zu lassen.

Quelque part en France : les chars de la 2ᵉ D.B. française se ruent vers Paris après avoir libéré Sées, Alençon et Le Mans.

Somewhere in France : Tanks of the 2nd French Armored Division rush toward Paris after liberating Séées, Alençon and Le Mans.

Irgendwo in Frankreich : Nach der Befreiung von Sées, Alençon, Le Mans, stürmen die Panzer der zweiten franz. Panzerdivision nach Paris.

Les Parisiens se rassemblent sur une place de Paris pour acclamer les troupes de la 2ᵉ D.B. du général Leclerc.

Crowds of grateful Parisians gather on a square in Paris to grant troops of the General Leclerc's 2nd Armored Division troups.

Auf einem Pariser Platz : Pariser Bevölkerung begrüßt die zweite Panzerdivision von General Leclerc.

Le général Jacques Philippe Leclerc, commandant la 2ᵉ B.D. française, boulevard Montparnasse à Paris, libérée le 25 août 1944.

General Jacques Philippe Leclerc, C.G. 2nd French Armored Division at Bd Montparnasse, in Paris liberated 25 August 1944.

General Jacques Philippe Leclerc, Befehlshaber der Zweiten Panzerdivision, auf dem Bd Montparnasse in Paris, am 25. August 1944 befreit.

247

Un char de la 2e D.B. française passe devant des ruines et la cathédrale de Strasbourg.

A tank of the 2nd French Armored Division passes ruins and the cathedral in Strasbourg.

Ein Panzer der Zweiten Franz. Panzerdivision vor den Ruinen der Strasburger Kathedrale.

CHAPITRE XIII

AVANCE EN NORMANDIE

ADVANCE IN NORMANDY

VORMARSCH IN DIE NORMANDIE

Photo US Signal Corps

Vue aérienne de Trévières, ville prise le 9 juin 1944 par le 38e régiment d'infanterie de la 2e division d'infanterie US. Toutes les maisons du triangle central ont été démolies par les bombardements. A l'arrière-plan, les ronds blancs sont des impacts de bombes ou d'obus.

Aerial of Trevieres captured 9 June by the 38th infantry, 2nd infantry division (Indianhead). All the houses in the central triangle have been destroyed by bombardments. White spots in the background are shells or bombs craters.

Luftaufnahme von Trevières. Die Stadt wurde am 9. Juni 1944 vom 38. Infanterieregiment der 2. amerikanischen Infanteriedivision besetzt. Alle Häuser auf dem zentralen Dreieck wurden durch Bomben zerstört. Im Hintergrund sieht man weiße Kreise : Bomben-oder Granateneinschläge.

Photo US Signal Corps

La rue principale d'Isigny-sur-Mer après que les troupes américaines en aient chassé les Allemands. Isigny fut prise le 9 juin par le 175e RI de la 29e division et les chars du 747e bataillon de chars, débarqués à Omaha Beach. A gauche, une jeune française qui sortit des ruines quand le bombardement cessa et que les Américains eurent nettoyé la ville des tireurs isolés et des mitrailleuses.

The main street of Isigny-sur-Mer after the American troops drove the Germans out. Isigny was captured by the 175th Infantry, 29th division, and the 747th tank battalion, landing at Omaha Beach on June 6. Left, a French miss came out of the ruins when the bombardment ceased and the Yanks moved in to clear the town of snipers and machinegunns.

Die Hauptstraße von Isigny-sur-Mer, nachdem die Deutschen von den amerikanischen Truppen vertrieben wurden. Isigny wurde am 9. Juni vom 175. Infanterieregiment der 29. Division und vom 747. Panzerbataillon (an Omaha Beach gelandet) eingenommen. Links, eine junge Französin, die aus den Trümmern ging, als die Bombardierung aufhörte und die Amerikaner die Stadt von MG-Schützen gesäubert hatten.

Photo US Signal Corps

Rue de la Poste à Isigny-sur-Mer. Canon de 50 mm anti-char allemand embusqué à une intersection de rues.

Post Office street in Isigny-sur-Mer. 50 mm anti-tank gun at a streets intersection.

Aufnahme des Postamts in Isigny-sur-Mer. Eine deutsche 50 mm — Pak ist an einer Straßenkreuzung versteckt.

Des soldats US marchent dans Carentan après que la ville soit tombée aux mains des Alliés dans leur avance en Normandie. Ces soldats, avant-gardes des troupes alliées vont établir des communications et des défenses dans la ville — 101e division Aéroportée.

US Soldiers walk through Carentan after the French city had fallen to the Allies in their advance through Normandy. These soldiers, vanguard of allied troups, will establish communications and defenses in the city — 101st ABN Division.

Amerikanischen Soldaten marschieren durch Carentan, nachdem die Stadt in die Hände der Alliierten bei ihrem Vormarsch durch die Normandie, gefallen ist. Diese Soldaten sind die Vorhut der allierten Truppen und werden in der Stadt Verbindungs- und Verteidigungsmittel einrichten. 101 Luftlandedivision.

14 juillet 1944 : Cinq Français installent un drapeau français au sommet du monument aux morts de la guerre 1914-1918, à Saint-Laurent-sur-Mer.
L'Homme tout en haut est M. Jules Scelles qui habite actuellement à Saint-Laurent-sur-Mer.

14 July 1944 : Five French civilians install a French flag on the top of the monument of the War Dead of WW-I at Saint-Laurent-sur-Mer.
The man on the top is Mr Jules Scelles, living presently at Saint-Laurent-sur-Mer.

14 Juli 1944 : Fünf Franzosen hissen die französische Fahne auf der Spitze eines Denkmals des Ersten Weltkrieges, in Saint-Laurent-sur-Mer. Der Mann ganz oben, Jules Scelles, lebt immernoch in dieser Stadt.

L'infanterie américaine cherche l'entrée du tunnel menant aux batteries côtières alleman-des du Fort du Roule à Cherbourg avant de réduire les grosses pièces au silence.

American infantrymen hunt for the tunnel entrance to the Nazi coastal batteries of Fort du Roule, overlooking Cherbourg, before silencing the big guns.

Die Männer der amerikanischen Infanterie suchen den Tunneleingang der zu den deutschen Küstenbatterien auf dem « Fort du Roule » in Cherbourg führt, bevor sie die großen Geschütze zum Stillschweigen bringen.

Canon allemand à Cherbourg.

German gun in Cherbourg.

Eine deutsche Kanone in Cherbourg.

Photo Sea Bees

Des soldats américains avancent dans une rue de Cherbourg dans les dernières heures du combat avant que les Allemands ne se rendent le 27 juin 1944. Moins de 12 heures après la reddition des Allemands, les Forces Américaines ont remis la ville entre les mains du Maire, Paul Reynaud.

Americain soldiers advance through a street in Cherbourg in the final hours of fighting before the Germans surrendred June 27, 1944. Less than 12 hours after the Germans surrendered, American Forces turned the city over to Mayor Paul Reynaud.

Amerikanische Soldaten in einer Straße von Cherbourg, während der letzen Kampfstunden vor der deutschen Ergebung am 27. Juni 1944. Weniger als 12 Stunden nach der Übergabe der Deutschen, gaben die amerikanischen Streitkräfte die Stadt in die Hände des Bürgermeisters Paul Reynaud.

Les troupes US avancent dans les rues de Mamers, France, en route vers le front alors que les Forces Alliées se ruent vers la Seine pour encercler les restes de la 7ᵉ armée allemande.

US Troops advance through the streets of Mamers, France, on their way to the front as Allied Forces sweep to the Seine to envelop the remnants of the routed Seventh german army.

Die amerikanischen Truppen marschieren in den Straßen von Mamers, Frankreich, auf dem Weg zur Front, wo sich die alliierten Streitkräfte an der Seine versammeln, um den Rest der 7. deutschen Armee einzukreisen.

Photo US Signal Corps

Des soldats américains surveillent plus de 800 soldats allemands marchant vers un camp de prisonniers, après s'être rendus à l'avance en tenaille des Forces Alliées dans la région de Falaise. De 40 à 50 000 soldats nazis furent faits prisonniers dans la poche de Falaise selon le quartier général suprême des Forces Expéditionnaires Alliées.

American soldiers supervise more 800 than German soldiers walking towards to a prisoner-of-war enclosure in France after surrendering in the allied pincers drive in the Falaise area. From 40 to 50 000 Nazi soldiers were taken as prisoners in the Falaise pocket according to Suprem H.Q. Allied Expeditionary Force.

Amerikanische Soldaten überwachen mehr als 800 deutsche Soldaten, die zu einem Gefangenenlager marschieren, nachdem sie sich bei Falaise ergeben mußten, da sie von den Alliierten eingekreist waren. 40 bis 50 000 Nazi-Soldaten wurden in Falaise gefangen genommen, dem höchsten Hauptquartier der alliierten Expeditionsstreitkräfte.

Photo du soldat US Canute Otten avec des enfants du Molay-Littry.

American soldier Canute Otten with children from le Molay-Littry.

Aufname des US Soldaten Canute Otten mit Kindern aus Le Molay-Littry.

Achevé d'imprimer par ⬦ Corlet, Imprimeur, S.A.
14110 Condó sur-Noireau (France)
N° d'Imprimeur : 4583 - Dépôt légal : mai 1990

Imprimé en C.E.E.